为学生扣好第一粒
『美德纽扣』

主　编◎王　婉

副主编◎颜佳俊　陈　燕　陈英杰

四川大学出版社
SICHUAN UNIVERSITY PRESS

图书在版编目（CIP）数据

为学生扣好第一粒"美德纽扣" / 王婉主编 . 一 成都 ：四川大学出版社，2022.8
ISBN 978-7-5690-5624-2

Ⅰ．①为… Ⅱ．①王… Ⅲ．①德育－教学研究－小学
Ⅳ．① G621

中国版本图书馆 CIP 数据核字（2022）第 150107 号

书　　名：为学生扣好第一粒"美德纽扣"
　　　　　Wei Xuesheng Kouhao Di-yi Li "Meide Niukou"
主　　编：王　婉

选题策划：曾　鑫
责任编辑：曾　鑫
责任校对：孙滨蓉
装帧设计：墨创文化
责任印制：王　炜

出版发行：四川大学出版社有限责任公司
　　　　　地址：成都市一环路南一段 24 号（610065）
　　　　　电话：（028）85408311（发行部）、85400276（总编室）
　　　　　电子邮箱：scupress@vip.163.com
　　　　　网址：https://press.scu.edu.cn
印前制作：四川胜翔数码印务设计有限公司
印刷装订：四川煤田地质制图印刷厂

成品尺寸：146mm×210mm
印　　张：7.375
字　　数：195 千字

版　　次：2022 年 11 月 第 1 版
印　　次：2022 年 11 月 第 1 次印刷
定　　价：49.00 元

本社图书如有印装质量问题，请联系发行部调换

四川大学出版社
微信公众号

借少城小学的大作倾述（序一）

《为学生扣好第一粒"美德纽扣"》这个书名，既是具象的，也是哲理的，具有多姿多彩的内蕴，容纳着教育的基础性、生长性、统率性和贯穿力……教育人外表靓丽，其内在美质熔铸着无限芬芳。一所不年轻的学校，着手于丛书的起始，抓着这个主题，使人深信他们对教育的理解，可靠地立于生长基点和大方向上，没有赶急的慌张，显现着从容的成熟。教育的特质之一是可靠，少城小学的思绪给人一种可靠感。他们的文字"清且涟漪"，让少城小学飘逸的形象悠然地立在我们面前，闪亮而稳健。有如此笔力而不赶，足见定力。

王婉校长要我为这本书作序，其实王校长的前言就是很好的序，没法再唠叨了。学校围绕教育目标，层层施策，步步展开，展现出一条纯然的微视频，美言、美型、美景、美德……融在一起，社会公众对学校的期望就是这样逐层架构建设而化成的。

因对书序和所有文字的思忖，联系现场，学校的"五育"基于美德而生长，整齐、整洁、整合，活泼而自在，"恬淡"（校长用语）而纯洁。在校长的序里，我们体会到学校的追求和格调。这是小学，一所可感、可欣赏、可悦且可以给人无尽思索的小学。大约十几年前我到过少城小学学习参观，留下了亲和润心的感受。十几年后，读到这本书，给我的感觉是和学校的形象更一致、更丰富、更成熟了。在若干重点学校中，少城小学静静地、坚实地走自己教育之路。这本书以明快、统一的主题，风格各异的眼光描绘学校生活。阳光照耀着师生闪亮的神情和"纽扣"，一派年少的精气神韵，在很具内蕴的少城地区，点出了成都教育的步点和心性。

我始自少年，就开始从教，也曾就教于拥有少城小学的青羊区。这里有深沉的教育情怀、向前的教育追求、和悦的人际互动，联合着社区的种种资源和力量。六十余年，因为服从组织安排，辗转了三十多个行业岗位，却始终根在且围绕着教育，特别是学校。根基和情感就在这块沃土和事业里不断发展和行走。

翻阅着少城小学这本书，思想随时跳出书页，又猛地回到书中。当年，既上自己的课，又要代其他老师的课，爱动笔的我居然没有留下什么笔墨。遗憾又释然，因为经历了紧张和快乐，甚至是忙碌。后来下放到农村教书，竟然把基础教育学校的课都上了几遍，这得感谢西城区当年的信任和压力。少城小学这本书，就一个主题，就一种紧凑的展开，让我回到少年和青年初期的一贯性。在这本书中，借老师的诵诗和歌韵，回味着教育的清纯和乐趣，业外的同胞也能够品尝到其中的丰富、甘甜和不易。习近平总书记说，教师是伟大、古老和神圣的事业。在少城小学这本书里，或明或隐的，做教师者都有这种感受。

中国著名基础教育专家
成都师范学院教授
中国陶行知研究会原副会长
成都市陶行知研究会会长

2021 年 12 月 15 日

让孩子都有该有的模样（序二）

杜威曾指出，儿童期生活有其内在的品质和意义，不可把它当作人生中一个未成熟阶段，只想让它快快地过去。人生的各个阶段皆有其自身不可取代的价值，每个阶段都有每个阶段的任务和使命。教育的最大功德是给孩子一个幸福而又有意义的童年，用爱与陪伴为他们幸福而有意义的一生创造良好的基础。卢梭说，大自然希望儿童在成人以前就要像儿童的样子，如果打乱了这个秩序，我们将造成一些老态龙钟的儿童。老子在《道德经》中说，常德不离，复归于婴儿。他指的也是一种自然、天真、活泼、恬淡、纯洁的状态。在哲学家看来，人生最宝贵的就是能保持赤子之心，孩子的模样就是最可爱的模样。

在教师心中，学生最好的样子就应该是他们该有的模样。

首先，学生是皮实的，学校的意义在于为学生提供健康成长和全面发展的环境，让学生拥有健康的身心完善的品格，让学校成为学生们面向未来的赋能场，让每个浸润其中的师生，都能感受到来自环境的支持，激发出积极向上的学习热情和力量。学校为学生的人生奠定真善美的基础，成为学生生长的乐园和家园，让学生能得到生长所需要的营养和支持，让每个学生都能成长为自己最好的样子。教育无小事，少城小学一日常规细致到提醒学生"一天必喝八杯水""视力健康要保持"，有"学习困难不可怕，多动脑筋战胜它"。学生们不仅在学习过程中得到充足的营养和锻炼，更能锤炼品格，经受风雨考验，生成良好的学习品质，逐渐形成完善的品格、强健的身体和美好的心灵。

其次，学生是欢实的，学校在他们成长过程中创设了富有乐趣的课堂和丰富多彩的活动，让他们的学习空间成为一个充满着好奇与发现的地方。"多元创生的课堂充满学习的乐趣"，在学校的课堂里，除了让人入迷的知识以外，还加入了很多支持的元素，有技术的支持，有环境的支持，有师生互动的支持，让学习之旅变成了探索之旅。课堂中生态化的互动改进，让课堂教学的内涵不仅仅是学生知识的增长，还包括有学生对过程的经历、对解决问题的方法的掌握、对问题本质的追寻。学生经历思维从低阶向高阶发展的基本过程，形成符合自身发展特点的学习方法。让学生能在课堂里玩起来、乐起来，快乐的笑脸永远是我们心中孩子的最好的样子。

再次，学生是充实的，课程是学生未来学习技能发展的跑道，课程的建设更是一所学校的教育理念、过程及方法、环境文化等多种元素的集大成。对于今天的学生来说，学校的课程并不是越多越好，而是要与育人目标有联系，与核心素养有联系。我们从古典的"六艺"出发，结合现代核心素养的要求，共同探索构建"六艺＋"课程体系，五育并举，将德智体美劳、社会实践、国际理解、科技创新、劳动教育方面的理解，通过多种方式呈现出来。每周一节的书法课程、编程课是成都市少城小学特色课程的代表，而且课程体系一直在与时俱进地进行整合和升级。以劳动课为例，将"未来小当家"作为劳动教育的目的，还结合了学校的文化建设，开设了校园劳动岗、社区公益服务点等活动，拓展了课程的功能和内涵，让学生的学习经历还原生活应该有的模样。

最后，学生是朴实的，"朴"的意思就是本来的样子，在《道德经》中被描述为最真、最善、最美的状态。学校对学生成长过程开展了多种关于评价的研究，如综合评价、表现性评价等，希望能用多元化的方式还原学生本来的样子，让他们的每一点进步都能被看见，每一份努力都能被证明。在综合性评价中，将学生的学业表现、社会实践、创新能力、身体健康和特长发展都结合起来，形成了五育并举的综合性目标。在表现性评价中，教师把任务设计与能力目标和考察方式都结合起来，在完成任务达成目标的过程中，让学生的多种能力都能得到呈现，描绘出一个更加立体化，全息化的学生的模样。

万物生长皆有时，孩童时期是人生中最幸福、最美好的时光，尊重和珍爱儿童最真实的表现就是不要让"他们"过早地成为"我们"，在最好的时光里，循时而教，因势利导，陪伴他们自然而自由地成长，成为他们该有的模样，这就是他们最好的模样，也是教育该有的模样。

前　言

在新时代的春风里，新时代的少年沐浴着阳光不断向上生长。在学校德育工作中，班队会是重要的载体，也是重要的阵地和渠道。坚持社会主义核心价值观的引领，并以五育并举为基础，为孩子们扣好人生的第一粒扣子，让孩子们在良性的教育生态和育人环境中自由生长，既是教育的本质，也是教育人的追求。

成都市少城小学前身为小南街小学，至今已有近90年建校历史，曾荣获四川省红旗大队、成都市优秀少先队集体等称号，拥有优良的德育教育及少先队教育的传统，培养了一大批师德高尚、业务精良、热爱学生、忠诚事业的优秀教师。在不懈的传承与努力之中，教师的班队会案例多次获得市区赛课一等奖，并逐渐形成了少城小学独有的教学活动风格，主题明确，形式生动，且自成体系，效果明显。学校近来培育出了大批美德好少年，深受社会好评。学校将近年来获得各种殊荣的班队会案例集结成册，以供大家相互学习交流，期望得到更多的指导帮助，让班队会发挥出更大的育人价值。

目　录

第一编　班会案例集锦

第二编　中队队会案例集锦

第三编　大队主题队会案例集锦

第四编　获奖或发表论文

第一编 班会案例集锦

　　班会是指在班主任的指导下，以班级为单位，围绕一个主题组织的对全体学生进行教育的活动，是班主任对学生、班级进行组织管理、指导和教育的重要途径，也是学生民主生活的重要形式。在班会上，班级学生可以就班级近期的热点问题共同研究、共同解决。

该案例获得 2021 年度青羊区班主任素质大赛之班会设计一等奖

"红船到巨轮 奋斗正少年" 主题班会

李 兰

年级：五年级

主题阐述

习近平总书记 2021 年 2 月 20 日在党史学习教育动员大会上指出，党的历史是最生动、最有说服力的教科书。我们党历来重视党史学习教育，注重党的奋斗历程和伟大成就，鼓舞斗志，明确方向，用党的光荣传统和优良作风坚定信念、凝聚力量，用党的实践创造和历史经验启迪智慧、砥砺品格。3 月 7 日，习近平总书记在参加十三届全国人大四次会议青海代表团审议时强调，要通过在全社会开展党史、改革开放史、社会主义发展史教育，引导广大人民群众特别是青少年坚定不移听党话、跟党走，在全面建设社会主义现代化国家伟大实践中建功立业。

2021 年是中国共产党百年华诞。我们党的一百年，是矢志践行初心使命的一百年，是筚路蓝缕奠基立业的一百年，是创造辉煌开辟未来的一百年。一百年的历史长河里，蕴藏着一个又一个可歌可泣的动人故事，铸就了一座又一座永不褪色的精神丰碑，更承载着中国共产党人的伟大精神。在开展党史学习教育、筑牢初心使命的同时，也要注重教育引导广大人民群众特别是青少年群众忆往昔峥嵘岁月，深入了解党的发展历程，从我们党领导革命、建设、改革的实践中，深切感受党的伟大、光荣、正确，进而激发爱国爱党热情，坚定爱国信念，让红色基因、革命薪火代代传承。所有的青少年都应该学党史、知党史，从而激发爱国热情和树立爱国信仰。作为一名班主任，应该引导他们学习党的百年发展历史，认真回顾党走过的路，体会党的发展对于国家稳定繁荣发展的重要意义，进而激发他们对党的热爱、对党的向往、对国家的热爱。这应该是历史和未来碰撞的一节课，更应该是思想得到洗涤和升华的一节课，作为青少年，这样的党史学习必不可少。本节班会课主要采用学知行相结合的方式，让学生学党史、感党恩、跟党走。

活动目标

1. 学党史

了解党的发展历史，体会"今天的美好生活是革命先辈们用鲜血换来的"。

2. 强信念

感受党的故事、革命的故事、英雄的故事，让青少年与党的历史产生深度共鸣。

3. 跟党走

增强历史责任感和使命感，树立坚定的民族信仰，为肩负起民族振兴、国家富强的重任奠定思想基础。

活动准备

红船模型

寻身边红色遗址、革命故事

制作 PPT

活动形式：观看视频/小组汇报/成果展示/思考发言

活动过程

导入新课：

同学们，2021 年 7 月 1 日是中国共产党建党多少年？（100 周年）让我们在"红船精神"的引领下，了解党的百年光辉历程。我们从以下四个方面展开学习：学史明理、学史增信、学史崇德、学史力行。

一、学史明理：党史故事，少年听

1. 红船启航

（1）了解红船故事（播放视频）。

教师讲党史：红船故事

（2）党史知识我知道（回顾党史知识）。

（3）聆听红船的故事，领会红船精神。

教师：2005 年习近平总书记首次提出并阐释了"红船精神"。党的十九大之后，习近平总书记再次前往浙江嘉兴，瞻仰嘉兴红船。"红船精神"就是：（齐读）开天辟地、敢为人先的首创精神，坚定理想、百折不挠的奋斗精神，立党为公、忠诚为民的奉献精神。

教师提问：这里面包含了哪三种精神呢？（首创、奋斗、奉献）

（4）具有"红船精神"的光辉人物。

教师：新中国成立后，具有"红船精神"的光辉人物有哪些？

（教师给学生讲袁隆平爷爷的故事）

（5）畅所欲言：请你说说还有谁具有"红船精神"。

教师小结：千千万万个无私奉献的他们和正在努力拼搏的你们，让祖国焕发新的光彩！在这个新时代，"红船精神"永不过时！

（6）让我们在队旗下，跟随习近平总书记再次走进红船，一起朗读他在瞻仰红船时说的这段话（全体起立）：嘉兴南湖红船是我们党梦想起航的地方，我们党从这里诞生，从这里出征，从这里走向全国执政，这是我们党的根脉。

2. 教师小结：党的百年光辉历程

1921年，红船启航，党带领我们开启百年光辉历程。1949年，中华人民共和国成立。1978年，实行改革开放。1997年，在党的不懈努力下，谁（学生答：香港）回到了祖国的怀抱。时光飞逝，2021年中国共产党成立100年了。历史证明，在这100年里中国共产党走过的路是光荣的、正确的，更是勇敢的、坚强的。中国共产党将继续带领中华儿女在时代的巨轮上劈波斩浪！

二、学史增信：家乡故事，少年寻

（活动：寻身边的红色遗迹）

1. 小组汇报探寻的身边红色遗址、革命故事

教师：一百年的非凡历程中，一代又一代中国共产党人顽强拼搏、不懈奋斗。同学们课前查找资料，了解了青羊区的六处红色遗迹和背后的革命故事。你们以小组的形式探寻了哪一处红色遗迹呢？请各小组代表分享一下。

以地图的方式出示青羊区的红色地标。

（1）努力餐。

（2）商业街中共川康特委旧址。

（3）川军抗日阵亡将士纪念碑。

（4）十二桥烈士墓。

（5）祠堂街《新华日报》旧址。

（6）大轰炸纪念墙。

2. 学生汇报（出示照片）

小结：正是因为有成千上万个像车耀先、李一氓、罗世文这样的革命志士不怕牺牲、不断斗争，我们才能取得革命的成功。如今的中国如他们所愿，作为青少年的我们只有努力学习，才能对得起他们的牺牲、奉献。

3. 升华

如今我们仍然行走在他们千百次奋斗过的路上，让我们走出青羊，走出四川，走向全国寻红色足迹，承先辈精神，以饱满的热情积极投入实践中。

三、学史崇德：富强故事，少年说

过渡：百年历程，请听少城学子龚文瑾说中华儿女站起来、富起来、强起来的故事。

学生录视频，介绍。

站起来：1949 年 10 月 1 日，毛主席在天安门城楼上向全世界宣布："中国人民从此站起来了！"从此，中华儿女在党的领导下艰苦奋斗。

富起来：1978 年改革开放如一阵春风吹拂大地，从此中国逐渐富起来了！

强起来：航母下水，卫星升空，我们以昂扬的姿态走进了 5G 时代。在党的领导下，人民的幸福感如高铁一般提质增速。厉害了我的国！

在党的引领下，中国实现了伟大飞跃——站起来！富起来！强起来！

教师提问：课前我们一起阅读了今年高考的高分作文《成都可为，成都有为》，现在请你们以小组讨论的方式说说富强故事——大美成都的发展变化。

学生讨论、汇报，老师点评。

老师小结：在座的每一位青羊学子就生活在大美成都，新时代的你们正见证成都的富强。

四、学史力行：百年传承，少年行

1. 为党庆生，为党献礼（百人百天献礼活动）

过渡："欲知其始"，才能得其"大道"。我们要把党史学习和五育并举结合起来。

教师提问：在建党 100 周年之际，你想如何表达对党的热爱？

教师：少城小学的孩子们每天都行走的路是先辈们浴血奋战换来的，其他学生有不一样的心声想要表达，你们想看一看吗？（放视频）

教师小结：新时代的少年们用知识武装自己，用才艺丰富自己，时刻准备着为共产主义事业奋斗！

2. 少年强国，致 2035 年的自己

2035 年，中国将基本实现现代化。今天，李老师送你一张船票，一起驶向未来。请你拿出船票，写下或者画出 2035 年的梦想。希望同学们怀有少年强国梦，扛起责任与担当。

（学生分享 2035 年的梦想）

3. 百年传承我接力

不忘来时路，

方知向何行。

百年承载我担当，

百年传承我接力。

我们都是接力人，请接棒——

让我们再次重温这句话——

少年强则国强

少年智则国智

吾辈自强，祖国富强。

总结：无论你将走向哪里，希望你都能怀揣少年强国梦，勇往直前，蓬勃生长。

活动反思

本次主题教育活动结合少城小学的先天地理优势，把党史学习和实践活动紧密结合起来。循序渐进地从学史明理、学史增信、学史崇德和学史力行四个方面展开。

在党史学习教育中首先要做到学史明理，明理是增信、崇德、力行的前提。通过教师讲述红船故事，学生感知"红船精神"。其次就是学史增信，要在学生中加强中国历史的教育，坚持不懈培育和弘扬社会主义核心价值观，让学生立志肩负起民族复兴的时代重任。心有榜样，就是要学习英雄人物、先进人物，在学习中养成好的思想品德追求。这就是孔子讲的"见贤思齐焉，见不贤而内自省也"。党史学习不仅在于知，更在于行。在"学史力行"环节，请学生探索少城片区的红色遗迹和背后的革命故事。通过小组汇报，学生能真切感受到先辈们的奉献、奋斗精神，更加深刻地认识党，了解党，学习党的优良传统。

通过学习，学生明白做共产主义接班人是义不容辞的责任。班会课上全班同学积极参与，形式丰富多彩，突出了学生的主体地位，锻炼了学生的综合能力。学生对中国共产党有了更深刻的理解，对党的热爱之情更坚定。

"抗疫神器　以'爱'战'疫'"

周子尧　青羊区优秀班主任
年级：三年级

主题阐述

2020 年是不平凡的一年，这一年，疫情迫使我们的生活按下了暂停键，面对严峻的形势，在党中央的领导下，全国上下立即投入这场疫情防控战斗中。

山川异域，风月同天；岂曰无衣，与子同袍。危难面前，纷至沓来的海外游子采购的急救物资，让我们感受到中华儿女子孙同祖同宗的深厚情谊；接踵而至的八方援助，让我们感受到了五十六个民族的手足情深；上至数亿下至元角的慷慨捐助，让我们感受到了每个中国人内心深处牢固如山的兄弟深情、团结力量！

热爱祖国，是我们作为中华儿女的基本素养。小学生是祖国的未来，在学校日常学习中，我们通常让学生接收理论知识，较少与实际相结合。我以本次疫情为背景，开展班会课，与学生一起探讨爱国主义话题，借此培养学生的爱国主义精神，引导学生树立正确的价值观、承担自己的社会责任。

活动目标

（1）通过知识竞答，让学生们对疫情防护有更深入的了解，学会防护措施。

（2）通过对最美逆行者的了解，让学生产生共鸣，思考"逆行之人"的人生观、世界观、价值观。

（3）激发学生的感恩之心和爱国之情，引导学生传承"华夏精神"。

活动准备

（1）教师：班会教案、课件、相关新闻、图片、道具。

（2）学生：各种防疫神器、疫情期间陪伴"我"的小物件。

活动过程

回顾宅家学习

一、战"疫"抢答

快问快答，学习和巩固疫情防控知识。

教师提问：在上课前，有没有哪位同学来给大家简单介绍了一下新冠肺炎？

学生 1：新冠肺炎是一种新型呼吸道疾病，主要症状为发热、干咳。

学生 2：新冠肺炎具有非常强的传染性，因此很多人都被感染了，病情严重的话还会有生命危险。

学生 3：这个新冠肺炎目前还没有特效药。

教师：看来同学们已经了解了这种疾病，这种疾病传染性极强，而且目前还没有特效药。那么我们该如何预防这种疾病呢？

学生 1：我们出门的时候一定要戴好口罩。

学生 2：要勤洗手，勤消毒。

学生 3：不要到人群密集的地方去。

学生 4：室内一定要开窗通风，有传染风险的地方不能去。

教师：通过同学们的回答，老师知道你们熟练掌握了防治新冠肺炎的基本常识和措施，你们个个都是防疫小卫士。

二、战"疫"神器

1. 战"疫"神器纷纷亮相

教师：因为疫情，我们学校也因此停课，在宅家学习的几个月中，肯定有一件战"疫"小物品一直陪伴在你身边，现在就请你来给大家介绍一下你的战"疫"神器吧！

学生互动交流：我的战"疫"神器

小组展示讲述：介绍战"疫"锦囊

口罩——儿歌、消毒湿纸巾、洗手凝胶——手势操、闹钟——故事、跳跳绳、书——阅读

2. 教师拓展

总结：抗疫知识、一米帽等都是战"疫"神器，神器助力战"疫"。

教师：通过同学们的分享，这些"战'疫'神器"在整个疫情期间都必不可少，它们保护了我们身体的健康。接下来我们就用有趣的拼图游戏，再一次巩固对"战'疫'神器"的了解和使用。

学生分小组进行"战'疫'神器"的拼图。

三、战"役"宝典

谈论环节

教师：在疫情期间，不仅同学们要在家学习和掌握自我防护的措施，我们的学校为了能够在疫情期间复课，也做了大量准备工作。同学们在这个熟悉的校园里，发现了什么不同呢？

学生1：学校新增加了很多水龙头。

学生2：校门口和洗手台，还有教室门后都画上了一米线。

学生3：我们吃饭变得"复杂"了，原来是一起吃，现在是一人先吃，同桌后吃。

学生4：教室里，洗手台上都放着消毒液。

学生5：每天进学校都需要量体温。

……

教师总结：同学们的观察都非常仔细，以上都是学校为了大家都能安心学习而制定出来的"战'疫'攻略"，这份"战'疫'攻略"加上我们自己的"战'疫'秘籍"，这两者相结合，就是我们的《少侠复课宝典》。老师相即出示复课宝典PPT。

教师：有了宝典，没有一把趁手的利器怎么行？老师给大家准备了"战'疫'大礼包"和"六脉神剑"，希望大家在学习的江湖中，过关斩将！

教师郑重地将"战'疫'大礼包"和"六脉神剑"分别赠予六位小组长。

四、战"疫"先锋

1. 讲述战"疫"中的感人事迹

教师：在这场前所未有的疫情期间，涌现无数战"疫"先锋，他们不顾自身的安危，和新冠肺炎展开了殊死对抗，同学们都知道他们是谁吗？

学生1：钟南山爷爷，他已经84岁高龄了，在疫情暴发的时候，他带着他自己的团队逆风而行，往疫情最严重的武汉进发，进行他的考察与研究，为那里的人带来爱和希望。

学生2：还有李兰娟院士，她也70多岁了，在疫情暴发的时候，她还一直传递防疫知识，舒缓了人们的恐慌焦虑，而且她每天只睡3个小时。

学生3：还有张文宏医生，他也在不断地安抚人们的紧张情绪，传递防疫知识，更重要的是他的那句"一线岗位全部换上党员，没有讨价还价""我也上"的话语，体现了他坚定、坚毅、自信的形象，给了我们战胜疫情的自信和希望。

教师：他们有能力、有担当，为社会树立了楷模，是我们学习的榜样。

学生4：还有我们的周老师，在疫情期间，周老师还不忘我们的学习，给我们在网上授课，虽然没有面对面交流，周老师每天依然会按时批改我们的作业，而且还会告知我们疫情的最新消息，让我们在家做好应对措施，所以，您也是我们身边的英雄。

教师：同学们还记得周老师，令我非常的感动！

学生5：我最敬佩的是我的爸爸，我的爸爸是一名医生，他作为一线的医务工作人员，在疫情期间，已经2个月没有回家了，我非常想念他，但是我一点也不怪他，因为他正在做一件非常伟大的事情。

教师：感谢××同学的分享，在疫情期间，谁都想陪伴在家人身边，但是××爸爸舍小家顾大家，真是一个了不起的人，就在前段时间，××爸爸给我发来一个视频，让我把视频的内容转达给大家，我们一起来看看××爸爸的工作是怎样的。

2. 视频互动

教师播放家长视频。

视频内容：××爸爸给同学们介绍了疫情期间医生的日常工作，以及医院各个部门的职能，给同学们的祝福，对同学们给予厚望。最后，带领同学们一起呼号！

全体起立，举起右手呼号：

我们的未来由祖国护航，

祖国的未来在我们肩上，

少年立志，

心怀祖国，

此生无悔入华夏，

吾辈更应当自强。

教师总结：其实在这个疫情期间，还有无数的各行各业的人们都在默默地付出，有坚守岗位的快递小哥，有深夜值班的志愿者，有挨家挨户走访的社区人员，等等。没有任何人计较个人得失，大疫当前，大爱无边，以爱战"疫"，我们一定能取得最终的胜利！

五、班级战"疫"博物馆

每一件展品都有一个特殊的记忆。

教师：这场"战'疫'"中，有人冲锋在第一线，有人服务在大后方，有人奋战在各社区，有人不迈出自家门，有人寒风中送物资，有人深夜里值守护……为了铭记在这个疫情期间默默付出的普通人，铭记那些无私奉献的逆行者。今天，我们成立了班级战"疫"博物馆，请同学们将收集的能代表各行各业的小物件郑重地放在博物馆的置物架上。

播放音乐《笑起来真好看》，伴随着音乐，学生依次将物件放入博物馆中。

活动反思

本次班会开展得比较成功，活动目的已经达到，成功地让学生掌握了疫情期间校内校外的防控措施，同时让学生了解了"逆行之人"的人生观、世界观、价值观，激发了学生的感恩之心、责任之心。

主题班会课从"战'疫'抢答""战'疫'神器""战'疫'宝典""战'疫'先锋""班级战'疫'博物馆"几个方面展开。首先，让学生们讲讲对新冠肺炎的了解，让全班同学都知道了新冠肺炎的致病缘由、感染后的症状、预防的方法，对同学们在家学习到的防疫措施进行一个统筹。其次，结合全国疫情防控的形势，在校内要求学生做好防护，做好平常的体温检测和日报告；在校内校外养成健康生活的好习惯，以积极的心态面对疫情。最后，侧重介绍疫情期间国家政策方针和战"疫"期间各行各业的模范人物，向战疫优秀人物学习。老师启发学生在战"疫"中读懂中国，感受中国人民的精神底蕴。

班会上，学生们全员参与，认真学习，积极配合，泛论感受，获得了较好的效果。主题班会课的召开，进一步加深了学生对新冠肺炎的认识，增强了防疫能力、抗疫信心，激起大家的爱国情怀和责任感。

"解锁绿道，幸福密码"

彭　雪　青羊区优秀班主任
年级：五年级

主题阐述

有一档很火的真人秀节目《向往的生活》，节目中"采菊东篱下，悠然见南山"的生活场景大家都很向往。成都打造的天府绿道、公园城市为我们开启了这样向往的生活。

"九天开出一成都，万户千门入画图。"一千多年前，大诗人李白曾这样赞美成都。斗转星移，时光荏苒，今天的成都，一座气势恢宏的生态之城正在崛起，我们期待这样一种生活：每日被清风唤醒，闻着青草的香气入眠，推窗望去满眼绿意，日子舒缓如坠桃源。生活，原本只是一种日常，但幸福的时光应该沉浸在美好中。这种美好就叫："解锁绿道，幸福密码。"于是，这堂课，我将学生感受到的公园城市变化展示出来，引导学生为成都公园城市建设做出贡献，并为之骄傲。

活动目标

（1）指导学生以天府绿道为切入点，感受成都生态宜居绿色动脉，表现天府绿道和成都城市公园建设与我们生活的紧密相关。

（2）通过多角度展示成都，感悟成都朝着世界文化名城、花园之都迈进的旋律。

（3）激发学生对天府成都的自豪感，做成都践行公园城市发展理念的"先行者"。

活动准备

收集身边的绿道图。

活动过程

一、导入

交通方式多种多样，今天你是选择哪种出行方式来到学校的？

地铁、公交、共享单车都成为我们出行的主要方式，而共享单车解决了人们出行最后一公里的问题。成都打造的天府绿道、公园城市为我们创造了安全的骑行环境，今天就让我们一起解锁绿道，开启幸福密码，让生活更美好。

这节课上，老师将带着你们乘坐少城"未来号"朝着我们向往的生活出发。这趟幸福之旅我们将解锁"我荐绿道站""玩转绿道站""探索绿道站""助力绿道站"。

二、我荐绿道站

少城"向往号"驶进"我荐绿道站"。

天府文化，是成都独特的记忆，更是成都的根与魂。天府文化，成为彰显成都魅力的一面旗帜。成都将发展"创新创造、时尚优雅、乐观包容、友善公益"的天府文化，保护精神遗产，这是当代人的文化使命。同学们作为成都人，对于天府文化，想推荐什么？

学生1：我推荐校门口的宽窄巷子，宽窄巷子由宽巷子、窄巷子、井巷子平行排列组成，全为青黛砖瓦的四合院落，这里也是成都遗留下来的较成规模的清朝古街道！

学生2：我推荐蜀绣。蜀绣，又称"川绣"，是以成都为中心的刺绣品总称，产于四川成都、绵阳等地。蜀绣与苏绣、湘绣、粤绣齐名，合称中国四大名绣。据文献记载，蜀国最早的君王蚕丛已经懂得养殖桑蚕。汉末三国时，蜀锦蜀绣作为珍稀而昂贵的丝织品就已经驰名天下。唐代末期，南诏进攻成都，掠夺的对象除了金银、蜀绣，还大量劫掠蜀绣工匠，视之为奇珍异物。

学生3：我推荐川剧变脸。川剧是传统戏曲剧种之一，流行于四川东中部、重庆及贵州、云南部分地区。川剧脸谱，是川剧表演艺术中重要的组成部分，是历代川剧艺人共同创造并传承下来的艺术瑰宝。

学生4：我推荐天府绿道。作为美丽中国典范城市的重要组成部分，天府绿道建设，影响深远。在坚持绿色发展方面，修建天府绿道是成都实现与国家中心城市地位匹配的重大举措。是的，公园城市建设确实改变了我们的生活，提高了我们的生活质量。

三、玩转绿道

少城"未来号"继续前行，开启幸福密码，来到第二站，玩转绿道，玩是你们的天性。

我们可以怎么样花式玩转绿道？

学生1：我每天傍晚都和爸爸妈妈一起去锦城绿道散步。

学生2：周末的时候，我经常约上同学们去锦江绿道骑行，骑累了还可以在路旁小店吃烧烤呢！

学生：我家有一条哈士奇，叫"多多"。我每天下午放学以后都要带它出去玩一下。我家旁边的绿道最合适了，安全、环境又好。

学生：我还喜欢在绿道上玩滑板呢！

绿道提高了我们的生活幸福指数。

绿道成为幸福成都人解锁生活的新方式，只是玩转绿道就够了吗？你真的了解绿道吗？少城"未来号"大巴驶向探索绿道，继续了解绿道。

四、探索绿道

这里有 8 道探索问题，你都知道答案吗？探索问题是真的吗？

（1）成都建设世界上最长的市域绿道，有 16900 千米，相当于成都到北京往返五次的距离。

出人意料的是，这个问题全班竟然都答错了，这是真的。

（2）天府绿道将建成"一轴两山三环七带"的绿道体系。

这是真的。

（3）两千多年前，成都就是"公园城市"，有"绿道"。

这是真的。号称天府之国的成都，在历史上曾建有多个宫苑园林和私家园林。成都历史上有五座城隍庙，分别是北门城隍庙、成都府城隍庙、华阳县城隍庙、都司城隍庙、大墙东街的都城隍庙，这些城隍庙里面都有个很大的后花园，百花齐放，万紫千红，假山、鱼池、亭台应有尽有。

（4）天府绿道除了具备生态保障、交通、休闲旅游、运动功能之外，还有应急避难的功能。

全班都认为是，学生的安全意识很高，这也是真的。

（5）天府绿道机动车可以驶入，人车未分离。

这是假的，天府绿道人车分离。

（6）第19届世界园艺博览会在成都举办。

这是假的，第19届世界园艺博览会在北京举办，期待以后在成都举办。

（7）绿道还计划建设能满足垂钓、攀岩、滑板、户外拓展、跑酷等活动的特色运动场地，未来还将承办国际国内自行车、马拉松等赛事。

这是真的。

（8）天府绿道可以拉动经济发展。

这也是真的。

这么烧脑的环节，接下来，我们进入"轻松一刻速度大比拼快乐拼图"，更深入地了解绿道具体分布情况。

同学仅仅用了40秒就获胜了，看他们笑得多开心。接下来，每个同学都把自己的绿道图粘贴到天府绿道规划图对应的位置。绿道，正在成为成都最优质的生态资源，厚植成都的绿色本底，成为成都生态优先、绿色发展、建设美丽宜居公园城市的城市实践。

天府绿道就像一串项链一样，串起乡村古镇、河流湖泊及名胜古迹风景景点，这一绿色生态名片，已成为成都面向世界的新窗口。

五、助力绿道

少城"未来号"神奇大巴驶进助力绿道站。

同学们，让我们一起发起"我爱成都，我爱绿道"行动。

同学们想不想做"天府绿道"小卫士，做一名天府绿道的公益行动志愿者？那就要和绿道有个约定。我相信此时此刻，责任感、使命感在你们心中深深扎了根。绿道这么美，作为一名小学生，我们怎样助力绿道呢？

一小组：发起绿色助力快闪行动

在校门外，宣传爱成都、爱绿道。

二小组：发起带绿回家拉手行动

小手拉大手，在家门外将绿色带回家里。

三小组：发起小小志愿者微行动

用实际行动来表达。

四小组：发起绿满生活打卡行动

在世界各个角落为天府绿道打卡。

我相信，通过你们的行动，我们的家园，天更蓝、水更清、环境更洁净！

最后，全体起立，让我们一起郑重宣誓：

我为天府绿道代言，

我为志愿者发声，

争做新时代好少年，

朝着我们向往的生活出发。

54321 出发……

天府绿道，幸福生活开启。

活动反思

本堂班会课从"我荐绿道站""玩转绿道""探索绿道""助力绿道"四个环节，层层递进，引导学生更深入地了解天府绿道。首先从"我荐绿道站"让学生明白天府绿道是天府文化必不可少的一部分。然后，通过学生平时在绿道上行走、遛狗、玩滑板等日常生活，让学生感受到天府绿道与我们的生活密切相关，我们一直在"玩转绿道"。同时，在"探索绿道"环节，老师还要引导学生更加深入地了解天府绿道，了解天府绿道的基本知识和具体分布情况。最后，作为一名小学生，我们应该为天府绿道做什么呢？"助力绿道"环节，让学生明白在日常生活中，可以让天府绿道更美丽，让成都的天更蓝、水更清、环境更洁净。

　　公园城市是属于大众的，大众的参与和努力很重要，民众要把公园城市当作自己的家园，才能够形成一个可持续的公园城市氛围。本堂班会课，以天府绿道为切入点，让学生精准感受天府绿道为人民的生活带来了好处，激发了学生对成都的自豪感，对保护天府绿道的使命感。让学生在班会课上的收获体现在现实生活中，做成都践行公园城市发展理念的"先行者"。

该案例获得 2019 年成都市品格班会赛课、青羊区班会赛课一等奖

尊重，让生活更美好

邓　岚　青羊区优秀班主任

年级：五年级

主题阐述

学生们通过观看第一则视频，联系生活实际，探讨共享单车这一热门话题，这也为我们课堂的引入起到关键作用。而看到主题中的"尊重"一词，同学们的头脑中闪现出很多话题：什么是尊重？我们为什么要尊重？我们怎样才能做到尊重？每一个话题学生都有话可说。在准备本节班会课的之前，学生通过对该年段的孩子进行调查，明白共享就是共同分享，为他人着想，凡事考虑他人的感受，而这正是《品格教育》所说的"尊重"。

中国著名的大思想家、大教育家孔子曾说过："己所不欲，勿施于人。"人与人之间的相处确实应该坚持这种原则，这是尊重他人的体现。除了关注自己的存在以外，还得关注他人的感受。于是在这堂课中，我们紧紧围绕"什么是尊重？怎样做才是尊重他人？"两个核心问题，通过对话、讨论、调查、情景剧体验等形式，激发学生思考，带着学生一起去寻找答案。我们认为，班会时间是有限的，我们可以在有限的时间、有限的空间激发学生无限的思维，激发出无限的精彩思考，引发他们对尊重这一命题的思考，让孩子们明白人与人之间需要尊重，社

会的文明需要尊重，社会的和谐同样也需要尊重，它让生活变得更美好。

活动目标

（1）知识目标：让学生明白与人相处需要尊重，而尊重就是关注、重视他人的意见、愿望、判断及感受。让学生明白个人、社会、国家层面都是需要尊重。

（2）能力目标：学习在生活中如何尊重他人。

（3）情感目标：让学生体验到尊重是架设友谊的桥梁，人与人之间心灵的沟通需要尊重，社会的和谐需要尊重，人类的文明需要尊重，学会尊重，让生活更美好。

活动准备

（1）课前让班上所有学生带上问卷调查表，走上街头进行调查，为数据的统计做好准备。

（2）视频的录制、音乐的准备。

（3）观察了解在学习、生活中所见到的尊重或不尊重的言行。

活动过程

一、共享，让生活更美好

1. 导入，"火星情报局"会议开场秀

幕后音：朋友们，欢迎我们的"火星情报局局长"！

"局长"：在地球上开会是最烦的，在火星上开会是最爽的，因为我们是"火星情报局"（全体齐说）。

2. "火星会议"开始

"局长"：我在 UFO 上面看到下面视频里的画面，我们一起来看一看，大家猜一猜，究竟是什么扯眼球的玩意儿？

"局长"：猜对了，大声告诉我是什么？（齐说：共享单车）对呀，当我的 UFO 盘旋在咱们学校上空时，发现不少排列整齐、颜色鲜艳的单车。

（这则视频于 2019 年 2 月 14 日拍摄于成都，你所看到的每一个亮点都是一辆正在被扫码使用的共享单车）

"局长"：各位在座的调查员，我在火星都是乘坐 UFO 代步，有引进地球人的共享单车的打算，你们都有到地球出差的经历，在哪里使用过？（举手示意）12 岁以下的同学必须要有家长陪护哦。那你们来说说这个共享单车的优势吧！

学生：（畅所欲言，例举共享单车所带来的优势并出示图片）

"局长"：那咱们火星立刻就引进地球这套共享单车，请问可行吗？难道共享单车就没有什么弊端吗？既然大家都认为它存在弊端，今天我们就在此一吐为快，打开我们的"火星模式"（揪耳朵），立即进入我们的"吐槽大会"！

二、吐槽大会

吐槽共享单车中的"负能量"行为。

"局长"：谁先来吐一吐共享单车的"槽点"？（不如我先来吧！我校教科学的王老师，由于上研究课需要用到单车，竟有同学将共享单车带进学校，被校值日挡在了门外，这种将共享资源私用的行为是不可取的。）

1.（学生尽情吐槽，表达自己观点，教师及时点评）

"局长"：这些问题的产生，谁能一针见血地说出它的根源呢？（一个词）。

因为自私、不考虑别人、不顾及别人，没有互相尊重。

通过这一组图片，我们可以看出，在共享单车的使用中，由于不尊重他人的行为，给他人带来了多少的烦恼啊！

2. 火星速度，出示课前调查大数据

（现场展示出大量调查单）

"局长"：昨天我们已经进行了有关共享单车的调查问卷，用最快速度进行了统计，接下来，我想请最乖的孩子来对咱们的统计数据进行解读。

"局长"：这些情况的发生正是由于一些人只考虑了自己，没有尊重他人。确实现实生活中也存在许多两难的情况。

【情景】如果你骑行一辆共享单车去取快递，虽然说是要求将车停在白线内，但是你取快递只需要1分钟，并且将车停在很远的白线区域，很容易被别人骑走。那你是选择将共享单车停在白线内，还是就近停靠，取完快递立刻骑走赶路？告诉我你最真实的想法，你们是逃不过"局长"的火星眼哦！

"A局长"：你为什么选择就近停放？虽然你方便了自己，但这是很自私的行为，己所不欲勿施于人，你应该尊重规定，尊重别人。

"B局长"：你为什么要停在白线内？白线是用来干什么的？（对，白线是用来规定停车的位置的，白线就是规则）你们的选择即使会给自己带来诸多不便，但你们尊重了这个规则，尊重了别人，也赢得了"局长"对你们的尊重。

己所不欲勿施于人，咱们中国自古就是一个礼仪之邦，讲究"仁"爱，你看这个"仁"字，单人旁一个二，就是两个人的意思，两人之间、人人之间都需要互相考虑对方的感受，所以"局长"我认为"仁"字讲的就是尊重。

三、尊重，让生活更美好

今天，邓老师穿着得体的职业装，是对同学们的尊重，是对课堂的尊重。你们今天穿着整洁的校服，认真地倾听，给我热情的回应，也是对邓老师的尊重！

"局长"：联系生活，你还知道哪些生活中关于尊重或不尊重的现象？

学生：（畅所欲言，立即生成词条：尊重××、尊重××……）

"局长"：生活中因彼此不尊重而引发的矛盾还不少，可能会是人与人之间的，可能是群体和群体之间的（出示图片）。

"局长"：这里有几个关乎尊重的情景，我们来一起演绎一下，看一看，评一评，要是你遇到这种情况你会怎么办？当感受到不被尊重时，我将利用我的超能力，对表演者进行"冰封"，冻住所有的不文明、不和谐，我们一起来查找问题所在，思考应该怎么做？

学生分组表演，教师点评。

"局长"：我们知道，尊重就是关注、重视他人的意见及感受。多一点尊重，就不会有这样或那样的矛盾冲突；多一点尊重，才能拉近心与心的距离；多一点尊重，才能让生活更美好。

四、因为尊重，所以美好

"局长"：咱们一起来通过一段小视频来看看少城小学的同学们对于尊重是怎样理解的吧。

五、书写尊重公益广告词

"局长"：亲爱的特派员们，看了这则视频，大家都深有感触，地球上的人们都知道，尊重是架设友谊的桥梁，人与人之间心灵的沟通需要尊重，社会的和谐需要尊重，人类的文明需要尊重。因为尊重，所以美好。调查员们，让我们彼此尊重，彼此关怀，让生活中所有的不愉快音符都统统消失吧，这样我们的火星，才能像地球那样文明常存。亲爱的孩子们，拿起手中的笔，各组一起来写一则尊重公益广告词吧！

六、总结

"局长"：今天的会议，相信在座的每一位都能在今后的生活中善用尊重这个法宝，让生活更美好，让我们一起承诺，从你我做起，从我们身边的小事做起。

学生：（小组齐读宣言）我们是××团队，我们的宣言是……

"局长"：最后千言万语汇成一句话（全体学生一起说：尊重，让生活更美好）。

七、"局长"授位

同志们，是时候说再见啦，我接到上级的邮件，我将前往另一个星球，完成更重要的任务。我将把我今天感受到的尊重，带到更遥远的星球，让我们永远幸福美好地生活下去吧！

活动反思

主题班会的组织形式中，需要大胆调动学生，构建情境。于是在设计班会活动时，我选择了打破传统班会课老师讲授的模式，让学生以综艺活动（热门综艺《火星情报局》）的方式参与此次班会，以吐槽的形式畅所欲言，这样可以极大地调动学生的主体参与意识，达到事半功倍的效果，学生全程参与度极高，语言丰富，学生很享受这样轻松愉悦的氛围。

同时，需要引起注意的是，对辩论的时间把控处理很重要。例如，学生辩论完以后如何设置问题，以什么形式提问。更为重要的是对各式各样的回答予以落地且中肯的评论，也给课堂生成以更大的空间，是可以通过优化使课堂更加出彩。

最后是学生对班会主题的认识。今天的主题是"尊重",学生的年龄段处于青春期的初期,正是学着如何与他人相处的阶段。他们开始坚持自己的独特性,在彰显自己的个性的时候他们容易忽略换位思考,忽略自己的行为可能会伤害到别人,知道"尊重"为善,却没能充分践行,所以这个时候最应该提醒他们,尊重父母师长,尊重他人,尊重国家,尊重生命。因为尊重,所以生活更美好。以小见大,从案例到联系生活实际,让学生感受尊重,学会尊重,从而逐步达成知识、能力、情感的目标。

该案例获第四届品格教育主题赛课教案特等奖

小节俭　大贡献

康　丹　　成都市优秀班主任
年级：三年级

主题阐述

　　进入三年级的孩子，在学习上经常需要写草稿。在没有老师指导时，孩子们把草稿写在课本或作业本空白处，甚至还写在试卷边上。有些孩子不在乎草稿纸，随便找一张纸写一写，然后就揉成一团扔了。既没有养成良好的学习习惯，又造成了浪费。

　　俄国教育家乌申斯基说："良好的习惯是人在他的神经系统中所储存的资本，这个资本不断地增值，而随后人在其整个一生中就享受着它的利息。"可见，培养良好的习惯是多么重要。

活动目标

　　（1）从草稿纸的使用切入，发现使用时的浪费现象，引导学生理解节俭的含义。

　　（2）了解资源和生态危机，明白节俭的原因和重要性。

　　（3）以合理使用草稿纸为例，思考节俭小妙招，践行节俭，理解节俭的作用和贡献。

　　（4）培养学生良好的学习习惯和节俭品格，提高低碳生活意识。

（1）布置摆放好小组活动的桌椅。
（2）准备班会 PPT。
（3）准备各类纸张材料筐、道具天平。

活动过程

一、问题导入，理解节俭的含义

1. 发现草稿纸使用的问题

（1）今天我和考拉小老师给大家上的课是"小节俭，大贡献"。

（2）（出示草稿纸图片）一次数学课后，考拉小老师发现了几张同学们用过的草稿纸。它问：你们看这些照片，你能说出哪些地方存在浪费吗？（学生回答）

2. 理解节俭，认识节俭小精灵

（1）草稿纸是我们学习的重要伙伴。考拉小老师希望大家在使用时养成一种良好的学习习惯。是什么好习惯呢？（学生回答）这种良好的学习习惯是节约，也叫节俭。还是一种良好的品格呢！（贴主题词：节俭）

（2）考拉小老师一直节俭，它是怎么做的呢？（播放考拉吃树叶的视频）你知道考拉小老师是怎么节俭的吗？（指名汇报，总结：A. 把每一片树叶吃完，不浪费。B. 桉树叶是树袋熊唯一的食物，它能吃的桉树叶种类和数量十分有限，所以每次都有节制地食用，绝不贪多。）

（3）总结节俭的含义：像考拉小老师那样，在生活中，节约俭省，并有节制地使用物品和资源，就是节俭。（贴板书：节

约俭省　有节制)

（4）考拉小老师成为森林王国的"节俭小精灵"，真是我们的好榜样！今天它准备在咱们班选出"节俭小精灵"，授予徽章，会是谁呢？

二、了解资源和生态危机，认识节俭的原因和重要性

（1）瞧，考拉小老师带来了森林王国的"生态天平"！现在天平两端保持一条直线，说明生态处于平衡状态！我们用天平来测一测人们使用纸张时对生态产生的影响。

（2）瞧，一棵生长了 20 年左右的树大概能生产 3000 张 A4 大小的纸。全校同学约 1600 人，如果每天用一张纸写草稿，这 3000 张纸不够全校同学用两天。也就是说，两天的时间里，全校同学耗费的草稿纸数加起来，等于砍伐了一棵大树。（出示图画），全球人类每天在耗费各种各样的纸张。大量消耗纸张，人类就会砍伐更多的树木。（在天平一侧贴词卡：大量砍伐树木）

（3）考拉小老师请大家仔细观察，一张张纸，从生产到使用的过程会产生什么影响？（观看图片）你发现了什么？（生产过程需消耗化石能源、电能，运输纸张的过程需消耗燃油、排放二氧化碳，废纸回收和处理的过程也在耗能）（在天平一侧贴词卡：消耗能源、碳排放），瞧，"生态天平"怎么了？纸张的生产、使用、回收的过程，把大自然的平衡打破了！

（3）打破生态平衡会怎么样呢（播放视频）？此刻，你有什么感受？（学生 1：浪费纸张，影响了资源、气候、环境，还有人类的命运。学生 2：我们要节约用纸。）

三、节俭实操：规划草稿纸的使用

（1）明确节俭任务要求。

同学们说得很好！节俭行动，刻不容缓！我们赶快参与到节俭行动中吧！看看节俭任务是什么？（出示任务及要求）

（2）小组活动，老师巡视。

（3）展示汇报，老师评价，奖励专注小精灵徽章。

①下面听一听你们的小妙招。请每组派1名代表上台汇报。请问你们组选择了什么纸写草稿？（预设回答：我们选的是写完一面的作业本纸、报废的画纸、用过一面的打印纸、作业本封面、包装盒的背面、说明书的背面、手工课剪剩下的材料……当作草稿纸。）选择这样的纸有什么好处？（评价，奖励徽章。）

小结：把这些废纸再次利用起来，能减少砍伐树木，减少纸张生产，还减少碳排放，真是节俭小妙招！（请学生在黑板上贴关键词："再利用"）

②在草稿纸上书写时，有什么妙招呢？请汇报。（评价，奖励徽章。请学生在黑板上贴关键词）

预设汇报：字写得小一点。（贴关键词：字写小）

把字写密一点。空行少一点。（贴关键词：间距小）

从左到右写，从上到下写。（贴关键词：有序写）

写完一面，背面还可以写。（贴关键词：双面写）

没有格子和横线的草稿纸，画线或折纸，把纸变成很多小方块。（贴关键词：分区写）

擦掉再使用。（贴关键词：循环用）……

小结：我们在书写时做到有序、规范，能养成好习惯，还能节约资源，为地球贡献自己的力量呢！（在天平另一侧贴：节约资源）

③小老师提醒大家，节俭草稿纸还能为"碳中和"作出贡

献呢！什么是"碳中和"呢？（播放声音）。请你想一想：从实现"碳中和"的角度，我们在使用草稿纸后，还可以怎样做？谁有妙招？请分享。

预设汇报：A. 植树种花。小结：这个小妙招是通过增加绿化，让更多的植物吸收温室气体，增加碳吸收。（贴关键词：帮助碳吸收）

B. 少看电视，少买一件衣服……小结：这些小妙招是通过减少其他生活消耗，抵消纸张消耗产生的碳排放。（张贴关键词：主动碳补偿）

小结：考拉小老师对同学们的妙招赞不绝口！用上这些妙招，我们的生活方式就刷新啦，叫低碳生活。（在天平另一侧贴：低碳生活）

四、总结：节俭的贡献

（1）咦！生态天平又恢复平衡啦！我们想出的节俭小妙招，竟然这么厉害！

（2）我们的节俭行动，虽然很小，但是贡献大，意义不一般。你们听，习近平爷爷的希望（出示图，播放声音）。

（3）节俭小精灵们，让我们一起记住节俭的好品格，一起再读课题。

活动反思

本节课通过节俭小精灵——考拉小老师的带领，让孩子们通过观察、发现、感受、思考、合作的方式，探讨合理使用草稿纸的话题，了解节俭的含义，理解节俭的作用和意义，从而养成节俭习惯，主动具备和节俭小精灵一样优秀的品格。

在课程中运用了声音、图片和视频等资料，帮助孩子了解考拉在节俭方面的好习惯，了解目前的资源危机和生态环境的严峻形势，了解"碳中和"的含义和意义，加深对节约资源、低碳生活的理解，促进学生发自内心地愿意养成节俭的品格。

通过将教具"生态天平"从"失衡状态"调整为"平衡状态"，让学生直观地感受到：节俭草稿纸能抵消掉一部分对资源、环境、生态产生的破坏，节俭的低碳生活能促进"碳中和"，使人类生态保持平衡。

节俭活动中，学生通过小组合作，讨论合理使用草稿纸的小妙招，既培养了书写草稿的好习惯，也培养了学生爱思考、爱研究、勤动手的好习气。结合天平的复位、习近平爷爷的希望，学生还能感受到节俭草稿纸产生的贡献，这种成就感能转化为内驱力，促进孩子主动节俭，从而为社会做贡献。

该案例获得 2020 成都市心理健康班会设计一等奖

"学做情绪的小主人"

岳　倩　青羊区十佳班主任、阅读推广人

年级：四年级

主题阐述

　　四年级的学生随着学业难度的加大和人际交往活动的多元化，情绪也逐渐多变，在学习和生活中难免会产生消极情绪。小学生的情绪具有很大的冲动性，他们不善于掩饰，不善于控制自己的情绪，更不会用正确的方式化消极情绪为积极情绪。那么，随着消极情绪的堆叠，就会影响学习和生活，影响人际关系，甚至是有害身心。于是，我打算引导学生正确看待消极情绪，理解消极情绪的存在是每个人都会遇到的，同时了解消极情绪可能会给我们带来的不良后果。另外，尝试运用一些方法转化消极情绪，以积极情绪来支配我们的言行、思维。

活动目标

　　（1）通过故事、游戏、模拟情景方式，学生在轻松愉悦的氛围中识别、感受和体会各种人类情绪。

　　（2）让学生逐步认识自己的情绪变化过程，帮助学生正确看待消极情绪。了解消极情绪可能给学习、生活带来的消极影响。学会合理宣泄不良情绪，保持积极、乐观、向上的情绪状态。

（3）逐步掌握一些情绪调节的有效方法，形成自我调适、自我控制的能力，继而能够较理智地调控自己的情绪，做自己情绪的主人。

活动重难点

（1）识别、感受、体会人的各种心理情绪。

（2）使学生掌握调节情绪的方法，能够进行自我调节。

活动准备

（1）布置好班级的桌椅摆放。

（2）准备好班会PPT。

（3）提前准备小品及游戏所需要的道具，同时确定参与活动的同学。

活动过程

一、情绪表演大比拼

1. 游戏导入感受情绪

同学们，我们来做个热身活动，进行情绪表演大比拼。

游戏规则：准备好一些有关情绪的成语卡片，把全班同学分为7个小组，每组只能第一个同学看词语并用面部表情或肢体语言表现出来，第二个同学猜，依次你比我猜，最终猜对的小组获胜。（眉开眼笑　怒发冲冠　愁眉苦脸　惊慌失措　手舞足蹈　咬牙切齿　唉声叹气）

活动目的：在课堂中通过游戏让学生在轻松愉悦的氛围中感受各种情绪。

2. 看图识别情绪

出示一组情绪图片逐张展示，让同学们猜猜以下图片分别是什么情绪？他的情绪是什么？你根据什么判断他的情绪？想象一下他为什么会有这样的情绪？认识喜怒哀惧四种基本情绪。

请学生上台表演出这四种情绪，其他学生发表看法，哪张脸看起来最舒服？

除了这四种基本情绪，在日常生活中其实还有很多情绪，就以刚才的游戏为例，我们一起来认识更多的情绪。

3. 现场采访

参与游戏时你有什么感受？猜不出来时有什么感受？猜出来了的心理感受怎样？看到队友顺利猜出来了你有什么感受？看到队友猜不出来你的心理感受怎样？

随后根据受访者情绪的不同让他们分别站在两边，一列是在游戏中有愉悦感受的同学，另一列是有各种负面情绪的同学，告诉学生这就是积极情绪与消极情绪。

活动目的：学生在参与过程中有不同的情绪体验，让他们体会到兴奋、欢快、满意、失望、不满、失落等情绪及情绪转变。通过站队初步认识两种情绪，了解生气、愤怒、失望、伤心、紧张、不满、责备、失落等都是消极情绪，明白消极情绪也是正常情绪的种类，只是这种负面情绪会影响身体和心情，容易让人做出错误的决定和行为。

二、我的情绪总被他人左右

活动：以小组为单位，随机抽选小品剧本，派组员演绎剧本中的情绪，会用什么动作、表情、心情？

（1）当你考试拿到好成绩，老师给你奖品的时候。

（2）当你考试成绩不理想，妈妈批评你的时候。

（3）当你去游乐场玩过山车，车子从高空落下来的时候。

（4）当你约好去好朋友家玩，妈妈却不同意的时候。

（5）当你养的心爱的小鱼儿死了的时候。

（6）当你在付钱的时候，却发现自己没带钱。

（7）当你的好朋友误会你，不跟你玩的时候。

每一组模拟一个情景进行表演。

活动目的：表演结束后，对同学们进行情绪引导，教会同学如何在生活中保持开心愉快的心情，不要让自己的情绪受他人影响。

三、遥控情绪频道　感受情绪威力

1. 听故事明理

积极情绪和消极情绪这两种不同的情绪，对我们的生活、学习会产生不同的影响，下面老师为大家讲一个故事，希望同学们能从老师的故事中受到启发。

从前，有一个老奶奶，她有两个儿子，大儿子卖雨伞，小儿子卖草帽。雨天的时候，她愁小儿子的草帽卖不出去；晴天的时候，她愁大儿子的雨伞卖不出去，于是奶奶天天不快乐。同学们，你能让奶奶开心起来吗？

聪明的你，听到这个故事明白了什么道理？学生讨论后回答。

活动目的：明白我们每个人都能掌握控制自己情绪的遥控板，只要换一种想法，就会换一种心情，快乐与不快乐只是一念之差。积极情绪和消极情绪会对我们的生活产生截然不同的后果，可见情绪威力很大。

2. "悲观者和乐观者"游戏

（出示几组句子）分组读，之后换位再读，体会两个句子有什么不同？

坏处（悲观者）（消极）	坏处（乐观者）（积极）
真倒霉，下小雨了，我没带雨伞。	幸亏只是小雨，不是大雨，不然会被淋透。
真倒霉，被同桌误会，明明不是我拿的！	虽然被人误会很伤心，但是我以后不再随便误会别人了，我会站在别人的立场想问题了。
真倒霉，电脑被妈妈没收了，没得玩了！	虽然没有玩电脑的时间了，但是我有更多的看书时间了！
真倒霉，我一个朋友也没有。	幸亏我没有的是朋友，而不是我自己。
真倒霉，我走路掉进一个泥坑，出来后成了一个脏兮兮的泥人。	幸亏掉进的是一个泥坑，而不是无底洞。

读完左边，你的心情如何？读完右边，你的心情又如何？同一件事情，为什么你们的心情不一样呢？（角度不同、态度不同……）

小结：悲观者都是消极地看待每件事情，而乐观者看待事情总是从乐观、积极的角度去看，所以——

不能改变环境，但可以改变自己；不能改变事实，但可以改变态度；不能改变过去，但可以改变现在；不能左右天气，但可以改变心情。

（齐读）

活动目的：让学生更直观地认识到生活中每一件事都能从积极和消极两个方面看待，以后遇到类似的事情我们也可以像这样。

四、寻回情绪遥控器　做自己频道的主播

生活中难免会出现这样的消极情绪，我们应该如何摆脱不良情绪，做情绪的主人呢？我们帮这些同学想想办法，使他们

把消极情绪转化成积极情绪。

活动：在班级"压力发泄箱"里随机抽取几份压力纸条，匿名念出来，如果遇到这样的消极情绪，你会怎么调节？

出示小组合作要求：

（1）选择其中的1~2个事例，进行讨论，想办法。

汇报句式：我选第（　　）个事例，我们可以（　　）怎样做（怎样想）。

（2）给这些办法取个合适的题目。

冷静！冲动是魔鬼。（沉着冷静、心平气和）

我在心里对自己说，他们只是说说，我又不会真的成黄狗。（自我安慰）

想一想开心的事情，或写日记、看电视、听音乐、玩游戏……（转移注意）

找个没人的地方大喊三声，运动，捶打柔软的东西。（合理宣泄）

假如我是……理解了对方并无恶意（换位思考）

让对方明白你的感受（主动沟通）

告诉老师你的委屈，及时疏导（寻求帮助）

小结：同学们真能干，找到了那么多种办法来控制自己的情绪。当然还有很多，只有学会控制自己的情绪，才能成为生活的强者。

现在你知道是谁决定自己的情绪了吗？是我们自己——

生活就像一面镜子，你对它哭，他对你哭，你对它笑，他也对你笑。

（齐读）

活动目的：生活中其实有很多方式都能帮助我们调节消极情绪，孩子们互相分享调节方法，释放压力和焦虑，减轻情绪给我们带来不良影响。让孩子们找回情绪遥控器，用习得的一些方法，学会转化消极情绪，做自己情绪的主播。

五、情绪频道　打怪通关

在一张小布条上写下最近让自己有消极情绪的事情，另一张纸条上写让自己产生积极情绪的事情。

把全班所有"消极"布条集中到一起，做成一个拖布；用"积极"纸条包住一颗糖果。

（1）孩子们用"消极"拖布劳动时，通过水的浸泡和地面摩擦，拖布条上的"消极"情绪字迹逐渐消失，不愉快的事情好像也就变得没那么糟糕了。

（2）全班一起打开"积极"纸条，吃掉"积极"纸条里的糖果，品味积极情绪。

活动目的：通过做"消极"拖布和"积极"蜜糖，在这样具体可感实践中，启悟学生有意识地关注自己的情绪变化，手握情绪遥控器，并用得当甚至是有趣有意义的形式调节自己的消极情绪。

活动反思

活动中尽可能地创设情境发挥了学生的主观能动性，给学生创造了思维自由，表达自由。学生基本能够正确看待消极情绪的存在。

本节课使用了PPT、剧本表演、讲故事、做手工吃糖果等多种形式的活动，引导学生掌握化消极情绪为积极情绪的方法，把情绪管理的主动权握在手上，积极乐观的生活学习。

活动过程中，特别是手工和剧本表演上，没有把控好时间，以后班会在组织教学和课堂节奏把握上再加强。

"什么样的同学最受欢迎？"

代　菲　成都市优秀辅导员　成都市优秀中队领航辅导员
班级：五年级

主题阐述

　　"十四五"期间，教育部明确强调要促进学生身心健康全面发展。进入小学高段，学生自我评价意识开始形成，开始确立"自己的位置"，对同学开始产生敬佩心理、仰慕英雄、渴望友谊。虽然能认识和掌握一定的道理观念，对社会现象开始关注，开始有独立见解，但他们的见解极易受外界影响而时常变化。道德感情开始多变而且不轻易外露。开始以一定的道德标准来评价人、事或社会现象，但仍有片面性，对学校的教育内容趋向思考并选择接受。能把自己看成是集体的一员，重视班集体的舆论和评价作用，渴望得到同学和老师的认可，希望自己成为受欢迎的人。因此，我们更要关注学生的精神状态，营造校园良好教育氛围，落实"五项管理"促进学生身心健康。

　　学生们开始出现性别界限，情感易外露、爱争论问题、易激动。一些学生因为个性强、容忍度低、吃不得亏，容易和同学发生矛盾，互相嫌弃，产生消极情绪，不仅得不到彼此认可，反而还会受到打击，内部矛盾频发，非常不利于班级的和谐发展。我们还收到家长求助，表达孩子在班上没有什么朋友，孩子不知道怎么为人处事。

对于以上情况，我们怎么样来正确引导和教育呢？希望借助本次班会帮助孩子树立正确的价值观，学习正确的人际交往方法，帮助他们找到问题，找回自信心，健康快乐地成长。

活动目标

（1）通过交流让同学们敞开心扉，表达自己欣赏和期待的好品质，了解只有美好的道德品质、道德行为才是受欢迎的。

（2）帮助同学们学会发现别人的优点，肯定他人，学习他人长处，培养同学宽容、礼貌、互相谅解的品质，促进班级和谐，增进学校、社会和谐。

（3）关注学生身心健康，疏导不良情绪，营造校园良好教育氛围，落实"五项管理"，促进学生身心健康。

活动准备

以"夸夸你的好朋友"为主题，做一张小卡片，至少写出好朋友的一个优点。

活动过程

一、畅所欲言书写正向品质

最近，我们班上同学矛盾不断，经常为了一点点小事吵起来，大家互相不服气，甚至还有动手的情况，这可不是个好现象。那么，什么样的同学才受欢迎呢？

大家可以畅所欲言，把关键词写到黑板上。

学生：我喜欢大气的同学，不会为了一点小矛盾就和我吵架。

学生：多才多艺的同学我很喜欢。

学生：我喜欢善良大方的同学。

学生：我喜欢爱运动的同学，我们可以一起在操场尽情玩耍。

学生：我喜欢爱笑的、乐观的同学，我妈妈说和乐观的人在一起，自己也会变快乐。

学生：我自己乐于助人，所以也喜欢助人为乐的同学。

学生：我喜欢上课专心、成绩优秀的同学，他们是我学习的榜样。

学生：我喜欢诚实的同学。

学生：我喜欢温柔、善于安慰别人的同学，上一次我受伤了，就是郑岚天来安慰了我。在她的安慰下，我感觉好多了，所以我喜欢和她做朋友。

学生：我喜欢幽默风趣的同学，他们常常给我们带来快乐。

……

对呀，黑板上的关键词提示了我们，具有这些品质的同学，我们就喜欢和他们交朋友。这些优秀的品质在我们班很多同学身上都有哦！觉得自己也具备以上任意一条的给自己一个大大的赞！

学生：给自己点赞，气氛活跃。

二、各抒己见找出负面品质

可是，我们在班级人际交往中，常常也会遇到一些不太喜欢的人和事。那什么样的行为又是你们不喜欢的呢？请找到一个关键词，板书在黑板右侧。

学生：我不喜欢吹牛的人。

学生：目中无人、自高自大。

学生：爱哭的。

学生：摆架子、拍马屁、跟屁虫。

学生：不敢承认错误、撒谎的。

学生：唠叨的。

学生：爱发脾气的。

学生：自私的。

学生：爱捣乱的。

学生：学习态度不端正的。

学生：污蔑他人的。

学生：大喊大叫的。

学生：懒惰的。

……

哇！又是一大堆关键词，看来同学们对人有了自己的基本观察和看法，这些关键词里提到的情况我也不喜欢，如果遇到同学出现这些情况，是不是我们就容易发生矛盾呀？

那么，要想在同学中成为最受欢迎的人，我们通过对比，就不难得出结论了吧？

三、再现矛盾寻找解决办法

最近呀，我们班就有一场《争执》，大家请看——

1. 情景表演，再现矛盾

为什么会出现这样的局面？为什么人与人之间的交流氛围会"降温"，让人感到人心冷漠？你们能说说有没有这样的事情发生过？

2. 学生说发生在身边的类似例子

在人际交往中，许多问题并不是由很大的利益冲突引起，往往是情绪管理不当而造成的。一肚子的火气就代替了同学之间的友谊。为此，我们感到忧伤和难过。我们感到自己的心，像春天的花朵突然遭遇了冰霜。

假如再遇到和同学发生矛盾的情况，你会怎么做呢？

学生自由表达。

四、互赠小卡片，夸夸我的好同学

看来，同学们以后一定能更加理智地对待问题了。三人行，必有我师焉。我们在交往过程中要看到别人的长处，并且向他学习，现在，就拿出你们制作的小卡片，大胆地向好朋友表达自己对他的赞美吧！

学生交流课前准备的卡片，夸奖自己的好友。

我想，收到好朋友的夸奖，一定是一份最珍贵的友谊礼物吧！

五、总结提升共建和谐班级

以诚待人，以责人之心责己、以恕己之心恕人。交朋友要抱着诚挚、宽容的心去相处，自己要抱着自我批评、愿意修改的胸怀来反省。与同学交往的过程中，你怎样对待别人，别人就会怎样对待你。就像照镜子一样，你的表情和态度，可以由他人对你的表情和态度上一览无遗。你若以诚待人，别人也会以诚待你。你若敌视别人，别人也会敌视你。

希望大家都做一个受欢迎的人，交到更多好朋友，让我们共建和谐班级！

活动反思

用开放式谈话引出班会主题，书写关键词让学生直观感觉到优秀的品质受欢迎，负面品质受排斥，表扬自己，肯定他人，营造更和谐良好的班级氛围。

用学习生活中的实例，让学生逐步把握个人与他人的关系，形成集体意识，对于负面评价，我们不对号入座，有则改之，无则加勉。学生的自我意识、道德观念和道德行为在这过程中逐渐发展起来，并内化为行为准则，监督、调节、控制自己。维护学生心理健康，呵护他们快乐成长。

"珍爱生命　活出精彩"

刘欢欢　成都市优秀班主任
年级：五年级

主题阐述

　　在不断进步的 21 世纪，心理健康教育更具有新的时代特色，尤其是青少年心理健康教育成为教育工作的重点。随着社会的进步和经济的发展，"心理健康"问题越来越引起人们的关注。

　　普遍现象：有关文献报道，近 40% 的中小学生存在不同程度的心理健康问题。高年级的孩子，处于个体身心发展的变化剧烈时期，心理极度敏感，心智发展尚未成熟。当其面临学业、交友和萌发的情愫等问题时，各种身心矛盾和众多的心理欲求，使其体验到失望、痛苦、悲伤、悔恨、激愤等负面情绪和严重的挫折感、不满足感时，由于心理又不成熟，情绪波动大，缺乏应对挫折的能力和技巧，因而容易出现心理冲突和心理问题的"危机期"。

　　个体现象：近期，班级出现了较突出的个体现象。个别女生，由于自身人格特质属于神经类型不平衡型的过敏体质，其耐受力较差，在与同学交往时，总感到沟通困难，找不到一个可放心的、无利害冲突的倾诉对象，形成了对人际关系敏感的心理倾向。一个普通的现象就使其难以承受，会产生过激情绪。有学生因亲人突然离世倍感孤独无助、苦涩，对许多问题感到迷茫和困惑，造成情绪抑郁。

这些个体现象引发了班级孩子们对生命话题的关注。为了让孩子们充分认识到生命的美好和可贵，让孩子们意识到生命只有一次，我们该把她打扮得更加光彩，无论成功还是失败，都不会在你的背后留下空白。懂得我们要让生命变得有意义，必须对自己负责任。为此，我寻找到契机，为孩子们开展了一堂关于生命教育的班会课——"珍爱生命　活出精彩"。

活动目标

（1）通过生活实例、短片等方式，引发学生的思考，让学生充分发表看法，从而引导学生认识到生命只有一次，我们应该把她打扮得更加精彩。

（2）让学生在活动体验中，宣泄近期的烦恼。

（3）学习心灵解压发，引导学生正确释放压力。

活动准备

（1）主持人准备台词，编排节目程序表。

（2）参加表演的同学排演节目。

（3）班主任和班干部准备有关道具。

（4）教室场地的布置。

活动过程

一、（PPT 播放）谈话导入，说明事实

有一所学校近期发生了一件不愉快的事，某同学轻生事件让老师和同学们都很震惊。该生轻生的原因在学校被谣传，班

上的同学也纷纷议论，影响了学习。不少目睹事件发生的同学感到害怕，甚至想回家去。同学们听到这种事后心情如何？

主持人采访学生（伤感、痛心、恐惧……）

主持人A：是啊！这是一件多么痛心的事情。苏联著名作家奥斯特洛夫斯基曾说过："人最宝贵的是生命。生命对于人只有一次。人的一生应当这样度过：回首往事，不会因虚度年华而悔恨；也不因碌碌无为而感到羞愧。"

主持人B：生命只有一次，我们该把她打扮得更加精彩。生命是一个完整的过程，无论成功还是失败，都不会在你的背后留下空白。我们要让生命有意义，必须对自己负责任，我们应该好好珍惜！（播放人类生命形成的微视频，感受生命的奇妙）

多彩的生命构成了缤纷的世界（播放孩子们不同时期的照片，让他们在回忆中看到自己如此可爱，爱上自己，唤起珍爱自己生命的意识），如此可爱的我们，必将绽放出各自的美好。

请听诗朗诵《热爱生命》。

二、鼓励表达感受，思考生命的意义

（一）欣赏影片，畅谈感受

主持人A：生活中，在我们遇到挫折、困难时，生命对我们来说，她的意义是什么？我们又该如何面对生活中的挫折？今天我们就来关注自我，关注我们的生命。

我常常想，生命是什么呢？那是一股足以擎天撼地的生命力，令我肃然起敬，有贤者言：日月经年，世事无常，人生如月，盈亏有间。让我们共同领略一次人生的旅程吧！请欣赏《泰坦尼克号》片段（播放《泰坦尼克号》沉船经过、配乐）。（目的：感受到生命的脆弱，唤起珍爱生命的意识）

畅谈观后感：生命脆弱、生命已逝、世事难料、生命可贵……

小结：花朵凋谢了，可以重开；小草枯萎了，可以再生；而生命结束了，那就意味着人生到了尽头。没有了生命就没有了一切。珍惜生命，热爱生命，这是我们永恒的课题。

（二）欣赏小品《生命、生命》，引发思考

主持人 B：同学们，还记得课文《生命　生命》的作家杏林子吗？她尽管从小就每天备受病魔的折磨，但是也能坚持地生活、学习，还成了一名著名的作家！

主持人 A：贝多芬的《命运交响曲》是他在完全丧失听力的情况下创作的。面对挫折与不幸，贝多芬扼住了命运，谱下了音乐史上光辉的乐章，也奏响了生命的最强音。

古往今来，无数人用心灵和智慧来诠释生命，解读生命。（PPT 播放热爱生命的人，激励孩子在挫折中站立，让生命坚强）

世界因生命而精彩，无论何时何地，无论遇到多大挫折，都不要轻易放弃生的希望。

三、化解烦恼

活动一：在我们现实生活学习中，确实会遇到使自己心情压抑的情况。现在给大家几分钟时间，请大家拿出宣泄纸，把自己的烦恼写下来吧。（设计意图：通过活动，学生找到倾诉自己烦恼的途径，有利于缓解自己的压力。）

活动二：把写有烦恼的宣泄纸，折成纸飞机，让它飞走；或者用力撕掉，扔进垃圾桶。（设计意图：通过活动，让孩子宣泄压抑的情绪，让他们学会把烦恼用力抛掉，不要做过多纠缠）

四、学习心灵减压法

同学们，心灵是需要我们呵护的，烦恼和压力并不可怕，主要看你怎样去处理。请同学们谈谈当你心情压抑时，你会怎样处理？

学生畅谈，请一些学生写在黑板的"心灵解压室"一栏。

刚才同学们说了很多的减压法，让我们一起从中总结出"心灵减压五法"，缓解自己的心情。（把学生写的解压方法进行整合）

（1）心灵减压第一法：转移法。当你感到巨大压力时，做一些自己喜欢的事，如听音乐，看喜剧片，讲笑话，打打球，散散步。

（2）心灵减压第二法：宣泄法。可以在僻静处大声喊叫或放声大哭，也可以把怒气宣泄在枕头或布娃娃身上。

（3）心灵减压第三法：求助法。当你需要别人倾听、提出建设性的意见和帮助时，尽管开口。

（4）心灵减压第四法：倾诉法。将烦恼压力，通过信件、QQ、E-MAIL 告诉你的朋友，或向家长、老师倾诉，还可以去找心理老师。

（5）心灵减压第五法：读书法。当在书的世界遨游时，一切忧愁悲伤便会付诸脑后，烟消云散。

五、调动积极情绪

请同学们选出适合自己的减压法，并把它写在卡片上，把卡片贴在班级文化墙上，发挥集体的智慧，给同学们提供更多解压方式，提供"一压多解"的方式。用于以后找到正确解压途径。

六、感受身边的爱

亲爱的同学们，这个世界上，关爱我们的人有很多（播放PPT）。有为我们的安全而守卫边关的解放军战士，有为我们的健康而冲锋一线的白衣天使……更有爱我们的朋友和父母。

活动一：夸一夸（感受友情）。

拿出小纸条，写一写你对身边的朋友、同学的爱，夸一夸他们。

请几个同学大声读出你写的内容，其余同学把自己写的小纸条拿给自己的好朋友。（营造充满爱意的集体氛围，让孩子感受到身边人对自己的重视、关注、喜爱，从而更加热爱自己）

活动二：阅读信件（感受亲情）。

请打开父母给你们的信，用心去感受父母对你的深情诉说。（目的：让孩子感受到来自身边的爱，从而热爱自己的生命）

活动三：师生共同承诺。

在舒缓的背景音乐中，师生共同喊出心声，带着对生命的敬畏，擦亮眼睛去发现生命之光，以乐观向上的心态展望美好生活。用"珍爱生命　活出精彩"的口号，为这节班会课画上完美的句号，也是同学们用阳光心态看待生命的新起点。

七、主题班会总结

亲爱的同学们，呼唤生命，感受人生，你们已经迈出了人生的第一步。我们没有惊天动地和轰轰烈烈的壮举，只是平静地渡过平凡的每一天。生命在于奋斗，人生在于积累。每天一点点，几年下来，就会积累很多很多。你的生命才刚刚开始，让我们从今天开始更加珍爱生命吧！

活动反思

在课后，我尽可能多地鼓励学生参加积极而有意义的活动，做有益于身心的运动，随时关注班上同学们的心理状况，多与学生沟通交流，关注内向、沉默或者性格突然发生变化的学生，多与其交流，彻底消除其负面情绪的影响，促使其回到正常学习生活的轨道上来。同时，让每一个同学参与，认识到在成长的道路上，可能是阳光洒满心田，一路顺风，也可能是披满荆棘，充满坎坷。我们不抱怨，要坚持不懈，努力进取，让有限的生命发挥无限的价值，让我们生活得更加光彩有力。

从小诚实讲信用

杨锡琴　青羊名师
年级：三年级

主题阐述

　　诚实守信是中华民族的传统美德，诚信由"诚"与"信"两个规范组成，二者意义相通，但又不尽相同。"诚"的本义是真实、真切，引申为人的道德情感和社会行为要诚实、诚恳、真挚、真情实意、童叟无欺等含义。"信"的本义是求真、守诚，引申为人的道德情感和社会行为要追求真理、坚持真理、信守承诺、笃守约定等含义。

　　"诚信"是立国之本，"诚信"是立业之本，"诚信"是立身之本，"诚信"是处世之宝。现实生活中存在的诚信缺失、欺骗欺诈等道德失范问题及不诚信的"病毒"会在人群中扩散，如果得不到及时有效的解决，必然扰乱正常的社会经济秩序，影响改革发展稳定的大局及和谐社会的构建。而小学阶段是学生人生观、世界观、价值观形成的启蒙阶段，所以在这一阶段开展诚信教育很有必要。

活动目标

（1）知道诚实守信的基本含义，懂得诚实守信是中华民族的传统美德。

（2）愿意做诚实守信的人，对自己不诚实和不守信用的行为感到不安和歉疚。纠正自己的错误行为，做一个诚信的小公民。

（3）增强学生自信，使学生努力做到说话做事实实在在、表里如一，做一个诚信的小公民。

活动准备

1. 教师

（1）课件准备。

（2）组织学生收集诚信故事、排练课本剧。

2. 学生

收集诚信、故事及有关诚信的格言、古训，做头饰，排练课本剧。

活动过程

一、老师讲话，引入班会课主题

诚实，即忠诚老实，不隐瞒自己的真实思想，不掩饰自己的真实感情，不说谎，不作假，不为不可告人的目的而欺瞒别人。守信，就是讲信用，讲信誉，信守承诺，忠实于自己承担的义务，答应了别人的事一定要去做。

我们小学生应该守信，答应别人做的事要按时做到，做不到时表示歉意。我们今天的班会课主题就是"诚实守信"。有请我们的主持人陈心悦、文瀚森。

二、讲诚实守信的故事

主持人1：心悦，你知道什么是诚信吗？

主持人2：诚信就是诚实守信。

主持人1：说得真好，诚信是一杯不掺水的牛奶，诚信是一双不冒牌的球鞋。我们中华民族历来崇尚诚实守信，人们常把那些为人处事中坚持诚实守信的人作为榜样。

主持人2：是啊，作为21世纪的少年，我们担负着建设祖国的重任，是祖国未来的希望。我们从小就要学会做人，做一个诚实守信的人。

主持人1：让每位同学与诚信交朋友，让我们在家做好孩子、在校做好学生、在社会做好少年，让我们做个合格的接班人。

合：三年级三班"从小诚实讲信用"主题班会现在开始。

主持人1：几千年来，"一诺千金"的佳话不绝于史，广为流传。

主持人2：是的，中华民族自古就是一个诚信的民族，诚信之事数不胜数。下面就请听同学们带来的诚信小故事：《曾子杀猪取信》。

讲诚信故事：

曾参是孔子的得意门生。一天他妻子要上集市买东西，儿子曾参哭闹着不让去，曾妻为摆脱儿子的纠缠，便哄骗他说："你在家好好玩，你爹回家让他杀猪给你煮肉吃。"等曾妻赶集回来一看，家里那只黑猪已变成一堆白肉。"怎么把猪杀了？"曾子说："你既然已答应孩子了，就应该算数。今天你在孩子面前言而无信，明天孩子就会像你那样去哄骗别人。一口猪杀了是小事，教育孩子从小知道做人的根本，可是关系他一辈子的大事。"

主持人2：我认为曾子不仅是个诚信的人，而且是一个很伟大的父亲。从古至今，为人诚实的人，都能得到别人的尊重和信任。

主持人1：接着我们欣赏第二个小故事：《司马光诚对买马人》。

同学1：宋神宗时，司马光说要闭门著书，吩咐家人将他的马卖掉。家人与一位老者谈妥五十钱，第二天成交。司马光听了家人的汇报后说："这马有病，我怎么忘了交代？明天你要对买主说清楚，这马有肺病。"家人说："做买卖，哪有全说实话了？"司马光说："话可不能这么说，让人家用一匹好马的钱买一匹病马，这不是骗人是什么？这样的事咱不能干。"左邻右舍知道这件事后，纷纷称赞司马光为人诚实。

同学2：我给大家带来的故事是《我不能失信》。

《我不能失信》主要讲的是宋庆龄奶奶小时候诚实守信的事。有一次，宋庆龄一家要去伯伯家，宋庆龄也非常想去，因为伯伯养了几只可爱的鸽子，还答应送一只给宋庆龄。可真当全家要出门时，宋庆龄突然想起下午还要教同学小珍折花篮，于是就毫不迟疑地决定留下来等小珍。家人劝说宋庆龄可以向小珍说明情况改天再教，可宋庆龄怎么也不答应。她说，答应了别人的事，一定要做到，不能失信。

宋庆龄奶奶那么小的时候就这么守信，真是我学习的榜样。

主持人2：听了这些诚信的故事，相信同学们从中都能获得许多启示。

谈启发（抽3~4名同学发言）。

三、欣赏故事新编《狼来了》

主持人1：同学们说了许多，让我听了也十分感动。下面让我们来轻松一下，请欣赏故事新编：《狼来了》

主持人2：看了这个诚信的故事，相信同学们从中都能获得许多启示。其实在我们的生活当中就曾经发生过许多诚信或不诚信的事，下面就请同学们说说。

（可举学校生活中的例子，也可以举社会生活中的例子！）

四、课本剧《岩石上的小蝌蚪》

角色分配，道具准备。

主持人1：看了这个故事，你想对故事中的谁说点什么呢？（抽同学发表自己的看法）

五、小品表演《扫地》

主持人1：每天放学后，我们每位同学都会轮流完成教室的清扫任务，但是有时候却会发生这样的事！请欣赏发生在我们班的一个真实的故事《扫地》。

人物角色：杨老师、小权、欣馨、小宇、小玉、颢颢。（化名）

学生：同学们，打扫卫生是我们每个同学应尽的义务，受人之托帮助别人打扫的同学也要说到做到，要完成了清扫任务才能离开学校哦！

主持人1：诚实守信多重要啊，请同学们把自己搜集到的有关诚信方面的名言和大家分享吧！

六、诚信名言分享

如果要别人诚信，首先要自己要诚信。——莎士比亚

失足，你可能马上复站立，失信，你也许永难挽回。——富兰克林

失去了诚信，就等同于敌人毁灭了自己——莎士比亚

诚信是人的最美丽的外套，是心灵最圣洁的鲜花。

诚信像一面镜子，一旦打破，人格就会出现裂痕

生活是需要诚信的，有了诚信才会有幸福可言。

七、课本剧表演《美丽的诚信》

主持人：下面请欣赏《美丽的诚信》。

主持人2：小鸟和大树的故事不仅为我们演绎了一曲友谊的颂歌，还让我们感受到诚信的美丽。

主持人1：是的，守诚信的人最可爱。从3月1日开始，在杨老师的号召下，我们三三班的同学们开展了在学习和生活中做诚实守信用的好孩子的活动。

主持人2：谁在这半个月来表现得最棒，谁将获得"诚实守信"小明星称号呢？有请我们亲爱的杨老师为我们揭晓答案。

教师：现在我宣布，本次获得"诚实守信小明星"称号的同学是：×××。

诚信是做人的一种品质，需要同学们从生活中每件点点滴滴的小事做起。希望同学们能牢记这一点，在今后的学习生活中，处处做到诚实守信，杨老师希望下一次有更多的孩子站在领奖台上。

八：《拍手歌》

主持人2：感谢杨老师对我们的鼓励，让我们齐诵《拍手歌》，把诚信牢记在心中。

拍手歌

你拍一，我拍一，不睡懒觉早早起。

你拍二，我拍二，别人玩具不乱拿。

你拍三，我拍三，借了东西要归还。

你拍四，我拍四，做错事情要承认。

你拍五，我拍五，帮助别人要热心。

你拍六，我拍六，朋友团结又友爱。

你拍七，我拍七，水电粮食要珍惜。

你拍八，我拍八，爱护公物不损坏。

你拍九，我拍九，升国旗时要立正。

你拍十，我拍十，人人都要讲诚信。

主持人合：伙伴们，行动起来吧，从小事做起，从身边的事做起，培养自己诚实守信的美德，一起做个诚实守信的好少年吧！

九、结束

主持人1：同学们，我们是祖国的未来，21世纪的主人，让我们从现在做起，拾起诚信的背囊，人人讲诚信，让诚信伴随我们健康成长！

主持人2：让我们扬起诚信的风帆，乘风破浪，奋勇前进，开创美好的未来！本次主题班会到此结束，谢谢大家的共同参与！

活动反思

（1）这次主题班会能在轻松的氛围里顺利开展，同学们积极参与，踊跃发言，问题切合学生实际，内容丰富，形式多样。这不仅调动了学生的积极性，而且取得了较好的教育效果，特别是小品《扫地》，因为素材都是来自生活中的实际情况，所以同学们都积极发表自己的看法，并形成了正确的是非观念。

（2）通过本次的诚信主题班会活动，学生的诚信意识得到了明显的提升，同时通过学习身边和历史上的诚信故事，在学生心中牢牢植下了诚实守信的观念，有力促进了学生的健康成长。通过本次主题班会，同学们对诚信有了更深刻的认识，也在心中更加坚定了诚信的信念，纷纷表示要从身边的小事做起，做一名诚实守信的孩子。

该案例获得 2022 年青羊区班主任素质大赛一等奖

妈妈，别催我

——多样清单　优先解忧

骆　珊　青羊区优秀班主任

年级：二年级

晓时间之珍贵——悟清单之重要——学清单之妙招——践清单之行动

背景分析

为深入贯彻党的十九大和十九届五中全会精神，切实提升学校育人水平，持续规范校外培训，中共中央办公厅、国务院办公厅印发了《关于进一步减轻义务教育阶段学生作业负担和校外培训负担的意见》，要求减轻学生课业负担，严格控制书面作业总量，保证学生睡眠时间；全面规范管理校外培训机构，坚持从严治理。

在该政策的指导下，社会各方面都做出了相应的努力，切实地从校内和校外两个方面减轻了学生的负担，进而大大增多了学生自主管理的时间。然而，自主管理时间的增多与双减初衷的高水平实现没有必然联系，其间还有一个重要跳板——高效的时间管理。只有把双减后多出的自主管理时间有效地利用起来，双减提升教育水平、促进人全面发展的初衷才能更好地实现。然而，对于学生来说，尤其是认知水平尚处于初级阶段的小学学生来说，在学生主体时间观念和自我管理意识方面都比较薄弱的情况下，如何做到高效的时间管理成为亟待解决的问题。因此，老师萌发了提高学生自主管理能力的方法的探索。在对班级学生进行了"双减后自主管理情况"的调查，其结果显示，学生中存在拖延的情况并不少见，可见，帮助学生树立时间管理，提升做事效率，提高学生自我管理能力是很有必要的。同时，调查研究发现，小学生如果使用清单管理，能较清楚明了地对自己的事情进行合理计划，而且也能在帮助学生提效方面，起到行之有效的作用。所以，我在班级开展了"使用清单，告别拖延"的活动，以活动的形式，与学生一起探讨用清单实现自我管理的方法。

活动目的

（1）通过此次活动，帮助学生树立时间观念，培养学生合理安排时间的意识。

（2）通过此次活动，借用"时间四象限法则"，让学生学会根据"要事优先"的原则，安排事情完成的先后顺序。

（3）教会学生制定项目清单，通过清单，帮助学生整理事务或物品，有条不紊，高效做事。

（4）通过此次活动，使学生懂得要珍惜时间，学会有效利用时间，提高自我管理能力。

活动形式

（1）活动以卡通人物形象"美美"导入主题，引发学生活动兴趣，创设趣味活动氛围。

（2）以卡通人物形象"美美"为依托，开展活动。将可爱的"美美"作为线索，将整堂课串成一条连贯的线，介绍合理科学安排时间的办法。

（3）学生通过课前调查，查找生活中的清单，初步感受清单的作用。

（4）小组讨论游戏，将放学后可能会做的事件卡片，按"四象限法则"要求分类，贴到小蜜罐上。

（5）结合时事，创设"美美一家居家隔离"的情景，让学生动手写明清单。

活动准备

（1）准备美美形象的 KT 板。

（2）准备前置调查问卷表，整理学生自我管理情况。

（3）安排好六组调查小组，安排各小组的调查工作。

（4）准备放学后可能会做的事件卡片和小蜜罐，为课堂分类游戏做准备。

（5）设计有美美形象的清单卡片和"时间达人"小皇冠。

一、师生共话，争分秒，晓时间之珍贵

（1）四格漫画"拖延的美美"导入。

（2）总结时间珍贵，分秒必争。

（3）调查问卷，说明学习时间管理的必要。

二、情景创设，拆盲盒，感清单之重要

（1）认识榜样人物——四川省优秀少先队员。

播放四川省优秀少先队员视频。

（2）榜样送来时间管理的盲盒妙招。

（3）拆妙招盲盒：多样清单。

讨论交流：什么是清单，你见过哪些清单？

6 个调查小组分别通过网络查找、翻阅书籍、询问同学、采

访榜样的途径收集多样清单。

各小组的代表汇报展示课前收集的清单。

相机小结：时间清单、项目清单。

思考：清单的作用？

过渡：如果时间管理用上清单，我们就能简单而高效做好每件事。

三、分享交流，学方法，悟清单之高效

探索一：时间清单

（1）出示小蜜罐任务：老师罗列了 8 件放学后学生可能要做的事，请小组讨论，在标有这几件事的事件卡，贴在"马上就做""等下再做""他人代做""可以不做"的四个小蜜罐上。

（2）小组讨论完成。

（3）分享分类结果（将贴好事件卡的蜜罐依次贴在黑板上，这已经整理出了一份放学后的时间清单了）。

（4）总结原则：要事优先。

（5）提出"四象限法则"。

（6）完善放学后时间清单（示范：可在"马上要做"的事情前用红色记号标记，提醒自己；时间清单前面还可以注明完成这件事情的时间）。

（7）展示台历清单：美美的一周。

探索二：项目清单

（1）问题：双减后，书包不离校，轻便的环保袋里，装什么回家？

（2）思考：PPT 出示一系列物品，引出项目清单。

（3）操作：根据自己的项目清单，学生上台，装物入袋。

（4）总结原则：需求优先。

四、创写清单，得皇冠，践清单之行动

（1）出示场景，创写居家隔离清单。

清单场景：《帮帮美美》

上周，美美一家的健康码突然变黄，按照要求，需要美美一家居家隔离一周。请你用学到的清单知识，帮她拟定一份清单吧。（可拟定项目或时间清单）

A. 时间清单：居家一日做哪些事，充实又有意义？

B. 项目清单：居家需要哪些物品，充足又实用？

（2）分享清单，送时间达人皇冠。

（3）PPT 展示时间清单，创设突发状况。

突发状况：社区通知，要求美美一家 10～11 点的时候，到采样点进行核酸检测。那么你能不能帮美美对这份时间清单做适当的调整呢？

（4）小结：灵活调整，条件优先。

（5）美美贴皇冠，变笑脸。

（6）诵读哈佛名句。

最后还得提醒大家，制定了清单，还得坚持运用，才能发挥清单的作用。送给你们一句哈佛名言：谁也不能随随便便成功，它来自彻底的自我管理和毅力。

总结：孩子们，愿你们用好多样清单，用"优先"解忧，成就更好的自己。

板书：

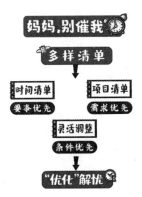

第二编　中队队会案例集锦

队会是少先队组织领导的，以队员为主体的集体活动。队会以少先队员的主动、自立精神为基础，使队长和队员都有充分独立自主和发挥创造的空间，主题可以由队员集体确定，表达形式可以多种多样，是少先队的集体活动，提倡"自编、自导、自演"，培养队员独立思考、独立活动和发挥创想性的能力。

该案例获得 2020 年成都市、青羊区队会赛课一等奖

"寻'节俭'之源　做'食尚'潮人"

魏　黎　　区优秀辅导员

活动背景

寻"节俭"之源做"食尚"潮人。本次活动由三个篇章组成：第一篇章"寻节俭之源"，主要以找旧物、听故事、传诵经典、观看视频来寻找节俭之源；第二篇章"传节俭风尚"，主要以实地调研、情景再现、发倡议书来传承节俭风尚；第三篇章"掀节约新食尚"，主要以支妙招、做光盘侠、资源再循环来掀起节约新"食尚"。

（1）"节约"是中华民族的传统美德，在小学生成长中是必不可少的教育内容。习近平总书记向来高度重视粮食安全和提倡"厉行节约、反对浪费"的社会风尚，多次强调要制止餐饮浪费行为。

（2）队员们反应最近班级午餐浪费现象比较严重，为了引导和教育队员们从"节约"开始，树立正确的社会风尚，我结合《少先队活动课程指导纲要》中四年级的活动建议，带着队员们一起设计了这次少先队活动。

活动目标

（1）通过搜集革命前辈节俭资料，懂得粮食来之不易。

（2）通过宣传体验，懂得勤俭节约的重要性。

（3）培养队员养成节俭好习惯。

活动准备

（1）分小队进行查找、调查、咨询，搜集关于革命节俭资料。

（2）各小队以汇报形式进行展示。

（3）做好相关课件，选男女两名队员做主持。

活动过程

一、队的仪式

（1）全体起立、各小队整队、报告人数。

（2）出旗、奏乐、敬礼。

（3）礼毕、唱队歌。

（4）全体请坐。

主持人："节约"是中华民族的传统美德，队员们反映最近班级午餐浪费现象比较严重，为了让队员从"节约"开始，树立正确的社会风尚。因此，四（二）中队将在今天开展一次关于节俭主题的队会课，现在我宣布"成都市少城小学四（二）中队"寻'节俭'之源做'食尚'潮人"主题中队会现在开始！"

二、六个小队进行汇报展示

（一）寻节俭之源

主持人：首先是一个环节"寻'节俭'之源"。勤俭节约是我们中华民族的传统美德，就算是在富裕的今天，我们也不能铺张浪费！勤俭节约是我们的传家宝。下面有请一小队的队员代表为大家进行汇报展示。

第一小队：

1. 出示旧茶缸图片

小队代表甲：你们认识图中的物件吗？你们知道它们的作用吗？让我为大家介绍介绍吧！这个是1958年我祖爷爷在旺苍大炼钢时的纪念品大茶缸，祖爷爷是个念旧的人，他一直保存着这些回忆。

2. 出示棉花票、布票、粮票、猪肉票

小队代表乙：你们知道这是什么吗？听祖爷爷说以前吃穿用度都必须用票来换，你想吃肉得用肉票，你想用棉花做被子做棉衣得用棉花票，你要吃饭得用粮票去换。每次得到的票祖爷爷都舍不得用掉，而是一点一点地积攒起来，等到过年的时候给爷爷们做新衣服、买肉吃。所以爷爷经常说他最期待的就是春节了。

3. 讲节俭故事

小队代表丙：祖祖爷爷告诉我，以前我们家人口多，家庭也不富裕，很多东西都不能理所当然地要，哪怕一件衣服也是我爷爷穿到不能再穿时，缝补好接着给爷爷的弟弟妹妹穿，这件衣服已经千疮百孔，不知道打了多少的补丁，但是一直不舍得扔。我们家也一直传承着节俭的好习惯，我穿的这件衣服还是我堂哥的呢！

小队代表丁（总结）：队员们，当我们吃着香喷喷的饭菜时，你知道革命先烈在艰苦的战斗中没有粮食的艰辛吗？当你嫌弃父母买的衣服不好看时，你知道在爷爷的那个年代，能穿一件新衣服有多么的开心吗？节俭是美德，我们应该感谢革命先辈吃苦耐劳、勤俭节约的精神，没有他们，就没有我们这美好的现在。

主持人：一小队的队员们展示了爷爷辈的旧茶缸、粮票等老物件，听爷爷节俭的故事，让我们了解了粮食的来之不易。下面有请二小队的队员们为大家带来"粮食经"古诗诵读。

第二小队：

1. 队员们齐诵《悯农》其一

小队代表甲：队员们，你们知道这首诗的意思吗？诗人李绅具体而形象地描绘了到处硕果累累的景象，但是农民辛勤劳动获得丰收到头来却两手空空、惨遭饿死的现实问题。现在的我们更应该珍惜粮食。

2. 队员们齐诵《悯农》其二

小队代表乙：这是一首我们耳熟能详的古诗。正是诗人对农民辛苦劳作的描写，才有了"谁知盘中餐，粒粒皆辛苦"这样值得深思的千古名句。

3. 队员们齐诵杨万里《悯农》

小队代表丙：可能大家对这首古诗不熟悉，这首诗由诗人杨万里所作。这首诗就是处于饥寒交迫之中的农民生活的真实写照，流露出诗人同情劳动人民的一片赤诚之心，也体现出粮食的来之不易。

4. 全体队员齐诵"米饭粒粒念汗水，不惜粮食当自悔"

主持人：二小队的队员们重温"粮食经"，引起了我们的共鸣，让我们在古诗里读懂了粮食的珍贵。下面有请三小队的队员们为大家讲述"节俭"的故事。

第三小队：播放视频——《节约粮食的袁隆平爷爷》

小队代表：看完这个视频你有什么感想？这是我们伟大的"杂交水稻之父——袁隆平爷爷"。他上学期间，亲眼看到饿死在路边的人，这让他的心里非常难受，身为一个农业专业的学生，他觉得应该做点什么，很快，袁隆平爷爷就选择了水稻作为研究方向，经过层层筛选，重重磨难，终于成功研究出杂交水稻，不仅解决了中国几十亿人口的温饱问题，更是解决了世界人民的温饱问题。

主持人：袁隆平爷爷的故事让我们对"一粥一饭，当思来之不易"的有了更深的思考。"节俭"这个词是中华民族从古至今的传统美德，我们不仅要懂得节俭，更要传承。接下来进入第二个环节"传节俭风尚"。

（二）传节俭风尚

主持人：有请四小队的队员们进行汇报展示。

第四小队：光盘行动计划

小队代表：我们小队采访了学校食堂的叔叔阿姨们，进行了数据统计，大家可以看这个调查表（出示调查表），根据调查显示，整个四年级一周的浪费现象比较严重。每天中午倒饭的现象非常严重，也经常看到很多同学挑食，把不喜欢吃的菜留到最后，等到午餐结束时就直接倒掉，这是很不好的一个习惯。对此，我们小队针对这一现象合作设计了一个奖励机制，对班级中实行"光盘行动"的队员进行积分奖励，每天吃光饭菜的队员可以积一分，一周后，积分最高的队员可以得到奖励。希望队员们积极行动起来，珍惜粮食，光盘行动。

主持人：光盘行动，我们一起行动起来吧。下面请欣赏五小队带来的情景剧表演《校园里的午餐浪费》和《生活中的餐饮浪费》。

第五小队：情景剧表演

小队代表总结："谁知盘中餐，粒粒皆辛苦"的诗句常在耳边回响，节俭是美德，节俭是品质，节俭是责任。让我们同心协力，做勤俭节约风尚的传播者。

（三）掀节约"新食尚"

主持人：我们四（二）中队向全校队员发出倡议：美德鉴于心，节俭始于行。接下来进行第三个环节——掀节约"新食尚"。有请六小队的队员们为大家介绍了他们创作的节俭小妙招和原创作品"餐前嗨一下"。

第六小队：节约小妙招

1. 齐读小妙招

妙招一：不做"必剩客"，争当"光盘侠"。

妙招二：点餐不超量，餐桌更文明。

妙招三：10人点9人餐，餐桌更文明。

妙招四：杜绝极端"吃播"，别让美位变味。

妙招五：打包不丢面，浪费才丢人。

2. 表演原创作品

"哟哟哟，'食尚'小潮人，餐前嗨一下。谁知盘中餐，粒粒皆辛苦。不做必剩客，争当光盘侠。"

小队代表发出倡议：请大家行动起来，用这些小妙招，积极争做"光盘侠"。把这些小妙招带回家，实行15天光盘打卡计划，让爸爸妈妈、爷爷奶奶一起行动起来，晒出光盘照吧！

主持人：队员们，作为新时代的少年，我们不仅要自己行动起来，更要让所有的人行动起来，我们一起把这些小妙招写在环保袋、环保扇、环保盘上。带着我们亲自创作的节俭小妙招到宽窄巷子进行宣传，让更多的人加入"节俭"行动。（发放环保袋、环保扇、环保盘）

主持人：我们还可以把这些小妙招利用到生活中，让果皮、菜叶华丽变身做酵素，让落叶变肥料，让资源得到循环再利用。"食尚"小潮人们，行动起来吧！

全体队员跳手势舞《善待盘中餐》。

三、辅导员总结

队员们，你们今天的队会课很成功！通过今天的队会活动，你们对"节俭"有了更深的了解，也明白了革命前辈的艰难和不易，以后我们要杜绝浪费、尊重劳动、珍惜食物，我们必须从点滴做起，从小事做起，用实际行动，时刻准备着！

四、退旗仪式

（1）全体起立。

（2）呼号。

（3）奏乐、敬礼、退旗。

活动反思

本次少先队活动由浅入深、层层递进，符合队员的认知规律。在活动中，我注重队员的年龄特点，从我们身边的小事入手，让队员们在队的组织中发现问题，互相帮助，自我教育，将"节俭"内化于心，外显于行。同时，我在活动中关注了队员的自主探究过程，要求队员人人参与，最终达到了师生共同受益的目的。

课后，我们中队还发起了"红领巾节俭小队""节俭食尚小潮人"等活动。鼓励队员们不仅自己要传承节俭美德，还应在全社会倡导节俭之风。

"通向自由之路——自律"

鲍 琦 成都市优秀班主任

导语

党的十八大提出"社会主义核心价值观"后，在辅导员老师的帮助下，队员们对 24 字牢记在心。在这学期开学典礼上，王婉校长对全校队员们提出了"只有自律，才可以自由"。希望大家用自律迎接全新的自己。我（中队长）发现，队员们对这个话题都特别感兴趣，但对"自由"的理解却很模糊，比如，有的队员认为，在学校里不做作业，就是自由；有的队员认为，在家里想干啥就干啥，就是自由……

听了中队长反映的情况，我和队委们一起商量，结合《少先队活动课程指导纲要》四年级活动建议，设计了这次的少先队活动课。中队长确定分小队通过调查、采访、收集资料等方式在课前开展一系列的实践活动。而我则按他们的建议，将其他队员分批次带到录播教室，参加了一个有趣的体验游戏。

活动目的

（1）认识什么是真正的自由，了解自律的重要性，明白自律是引导我们享受自由的重要前提。

（2）正确认识自由，规范自己的行为，提高自我管理能力。

活动准备

（1）多媒体课件、音乐、视频。

（2）在家自律情况调查表。

（3）自律公约卡片。

活动过程

一、队的仪式

（各小队长向本小队队员发出"立正"口令，然后跑步到中队长面前，敬礼）

小队长："报告中队长，第×小队应到队员×人，实到×人。报告完毕。"

中队长："接受你的报告！请稍息。"（敬礼）

（小队长回原位发出"稍息"口令，小队稍息。各小队报告毕，由中队长向中队辅导员报告。）

（中队长向全中队发出"立正"口令，然后跑步到辅导员面前，敬礼）

中队长："报告辅导员，本中队应到队员××人，实到××人。报告完毕。"

辅导员："接受你的报告！请稍息。预祝本次队会圆满成功！"

（敬礼，中队长敬礼，回原位，发出"稍息"口令）

【视活动实际情况可由中队长直接向辅导员报告。】

二、活动过程

中队长宣布："通向自由之路——自律"主题队会正式开

始，全体立正。出旗（奏出旗曲）—敬礼—（旗手到位后）礼毕。

中队长：首先请辅导员鲍老师为《甜点的诱惑》体验游戏做总结。

（一）由总结体验活动引入

（1）鲍老师：队员们，伴着欢快的音乐，我们一起来看看录播教室里偷偷拍摄到的你们与蛋糕独处的照片吧！

（2）鲍老师：能够抵抗住诱惑的队员，你们得到了更多的蛋糕，这是对你们自律的奖赏；忍不住吃了蛋糕的队员们，也希望你们能通过这次队会活动，体会到自律的美好。

（二）六个小队的汇报展示

1. 一小队

大家好！我们一小队提前设计了在家自律情况调查表并已经在全中队进行了总结和统计。瞧，通过我们小队队员的分析，我们发现咱们中队有约30%的队员平时不能严格控制时间，按学习计划完成当天的任务。大家也都注意到了，这些队员的家长们无一例外在备注栏里写到诸如没收玩具、手机，取消看电视、玩电脑之类的惩罚措施。

主持人：通过一小队队员这样直观的对比和介绍，队员们意识到了：自律性不好的孩子，就会失去安排玩耍的自由。

2. 二小队

我们二小队的队员认真观察了身边的小事，我们发现咱们教室外墙的漂流书屋掉书的情况很严重，这不，开学还满当当的图书，不到半学期，却遗失了一半。这些书都到哪里去了呢？在大队部的帮助下，我们分别到各班去寻找丢失的书，走了一圈，书竟然全部找回来了。我们的队员们并不是故意拿书，而是忘记了在规定的时间内将书归还，其实这就是我们身边的不自律的现象。

主持人：我们倡议——希望队员们以后能够自律地按时归还图书，这样我们的漂流书屋才可以长久存在下去，让我们享受阅读的自由。

3. 三小队

我们三小队队员是红领巾小记者，这次，我们采访的对象是学校最受欢迎的科学王老师。我们把采访得到的收获，创编了一段情景剧《自律和自由》进行汇报表演。

【表演内容】

队员甲乙：自由自律，自由自律。

只有自律才能自由，只有自律才能自由。

队员甲：没有自律就会出现乱课。

队员乙：没有自律就会出现乱班。

队员甲：我们科学王老师是我们最优秀的老师了，可他仍旧处处严格要求自己。

队员乙：他博览群书、知识渊博，上课风趣幽默，我们以王老师为榜样，做一个自律的人，不断进步！

队员甲：王老师榜样！榜样！榜样！榜样！同学们我们要严格要求自己，做自律的人，四（一）班最优秀的人就是你！

队员乙：王老师榜样！榜样！榜样！榜样！同学们我们要严格要求自己，做自律的人，四（一）班最优秀的人就是你！

队员甲乙：四一班最优秀的人就——是——你！

主持人：队员们，只要我们能自己约束自己，何愁自己不会变得跟王老师一样优秀呢？！

4. 四小队

我们四小队李韵乐的妈妈是一名银行的工作人员。我们为大家带来了一段李韵乐和妈妈谈话的视频。（视频播放《银行职员采访录》）

瞧，原来每天在银行里工作的叔叔阿姨们拥有很强的自律性，是我们学习的好榜样。

主持人：对呀，我们要向自律的人学习，这样我们才可以更加优秀！

5. 五小队

大家好，我们小队的队员都是计算机迷，我们通过互联网用百度搜索了"自律"，结果得到了 1530 万个结果。在此，我们为大家介绍知名大学凌晨 4 点的图书馆，馆内灯火通明，座无虚席。这些在知名大学求学的哥哥姐姐们，更是严格要求自己，勤奋学习。

我们还为大家带来了苹果公司创始人之一的乔布斯先生的故事。乔布斯先生告诉我们：自由从何而来？从自信来。自信从何而来？从自律来！先学会克制自己，用严格的日程表控制生活，才能从这种自律中磨练自信，最终收获自由。

主持人：通过他们小队的介绍，我们明白了：只有自律，才能走向成功。

6. 六小队

情景剧表演

小刚：妈妈，我回来了。

妈妈：回来啦，今天在学校好吗？

小刚：好！我在班上数学检测得了第一呢。

妈妈：不错，妈妈很高兴。

小刚：现在我去做作业去了。

小刚走到书房，开始做作业。他把今天的语文课文复习了一遍，找出生字，翻阅字典，非常认真。

主持人：瞧，自律的小刚养成了良好的学习习惯，取得了优异的成绩。

（三）放飞《自律公约》

（1）中队长：队员们，我们对"自律"这个话题都特别感兴趣，可对"自由"的理解却很模糊，比如，有的队员认为，在学校里不做作业，就是自由；有的队员认为，在家里想干啥就干啥，就是自由……这些都是大家对"自由"片面的看法。

（2）主持人：队员们只有现在自律，才能享受到真正的自由。

（3）中队长：队员们，让我们一起写下了《自律公约》，把它们折成飞机放飞吧！

（4）主持人：自律是坚持每天起床后整理床铺；自律是课间文明休息；自律是主动学会一样新的本事；自律是学习成绩有一个新的跨越……

做到自律的孩子们在少城小学这个自由之城里尽情享受着快乐：每当草莓节来临之际，自律的孩子就可以吃到令人馋涎欲滴的草莓；每当樱桃成熟之际，自律的孩子就可以亲自上树采摘，获得收获的喜悦；自律的孩子课间时分就可以玩耍足球，在操场上自由奔跑！

三、辅导员讲话

孩子们，你们今天的队会活动很成功！通过今天的队会活动，你们对"社会主义核心价值观"中的"自由"有了更正确的认识。在通向自由和成功的道路上不可能是一帆风顺的，自律的过程一定是会遇到阻碍的，就像这幅图中的小兔子一样，只有努力了，迈过了艰难，你会发现惊喜就在后面，你才可以收获自由的快乐！自律者才能有自由！我们每一个少城人，将用实际行动，为了梦想，时刻准备着。

四、队的仪式

主持人：下面请辅导员带领全体队员呼号。

辅导员：呼号（辅导员和队员同时举起右拳）。

辅导员：准备着为共产主义事业而奋斗！（全体队员：时刻准备着！）（辅导员放下右拳，全体队员放下右拳）

结束。

主持人：全体立正——退旗（播放退旗曲）——敬礼——礼毕。

活动反思

本次少先队活动由浅入深，层层递进，符合队员的认知规律。在活动中，我注重队员的年龄特点，从队员们最感兴趣的小事入手，让队员们发现问题，互相帮助，自我教育，将社会主义核心价值观内化于心，外显于行。同时，我要求队员人人参与，并在队员间做了"分组活动评价卡"，在分组活动的同时自我评价，不断提高，最终达到了师生共同受益的目的。

课后，我们中队还发起了"我是自律小达人"的网络点赞活动，开展了"雏鹰争章""红领巾假日小队"等活动。今后，我将继续在中队开展一系列的少先队实践活动，帮助我们的队员们争做向上向善好队员，争当学习和实践的小模范。

该案例获得 2020 年成都市课程资源案例一等奖

"怀感恩之心　做美德少年"

王　璟　成都市优秀班主任、成都市优秀青年教师

活动背景

　　现在孩子们都在爸爸妈妈、爷爷奶奶等的关爱下成长，觉得亲人对他们的付出理所当然，所以许多孩子都有任性、娇气、自私等问题，在家里不听话，在集体中也习惯以自我为中心，缺少感恩意识和集体观念。而"感恩"是一个永恒的教育主题，不论何时都具有时代感。习近平总书记曾对少年儿童提出殷切希望："要学会做人的准则，就要学习和传承中华民族传统美德，学习和弘扬社会主义新风尚，热爱生活，懂得感恩，与人为善，明礼诚信，争当学习和实践社会主义核心价值观的小模范。"所以开展感恩主题队会是极具时代意义的。

活动目的

　　从少先队员身边最熟悉的人和事入手，引导他们学会关注校园生活和家庭生活，感恩父母、感恩老师同学、感恩祖国，学会表达爱、回报爱、传递爱，做一个感恩奋进、传播文明、有社会责任感的美德少年。

活动准备

（1）提前两周开展"当一周蛋爸蛋妈"的活动，请队员们办 A4 活动小报。

（2）活动开始前组织队员排练节目：编排歌舞、背诵"感恩"古诗句和名言警句、阅读名人伟人的"感恩"故事、搜集汶川大地震救援及灾后重建等资料、制作"感恩卡"。

（3）教室布置：在黑板上贴"感恩树"；全体队员在教室中部围成一圈开展活动，教室后部为家长座位区。

活动过程

一、队的仪式

整队（略）。

二、活动过程

（1）中队长宣布："怀感恩之心　做美德少年"主题队会正式开始，全体立正。

（2）出旗（奏出旗曲）、敬礼、（旗手到位后）礼毕。

1. 从"感恩父母"引入

（1）理解"感恩"。

主持人甲：同学们，你们知道什么是"感恩"吗？"感恩"就是对别人的帮助和关爱表示感谢。

主持人乙：身怀一颗感恩的心，就是在得到别人的关心和帮助以后，把自己的感激表示出来，并回报他人。学会感恩，是一种美德。

主持人甲：在学习和生活中，我们得到许多关爱和帮助，生活才会如此幸福、快乐。请欣赏课本剧表演——《爱心树》。

（2）课本剧表演：《爱心树》。

（表演小男孩和大树的孩子上台，根据旁白讲述的故事进行相应表演。配舒缓音乐，表演略。）

主持人甲：看了这个课本剧，让我想到了我们亲爱的爸爸妈妈，他们就像那棵大树，不求回报地爱着我们。

主持人乙：同学们，请珍惜这份爱吧！它会让我们成为这个世界上最幸福的人！千万不要像那个小男孩一样，只知道索取，不知道感恩。

（3）交流"做一周蛋爸蛋妈"的活动感想。

主持人甲：今天的队会上，我们还请来了一位特殊的客人，他是谁呢？

主持人乙出示自己的"鸡蛋宝宝"，全体队员一起回答："蛋宝宝！"

主持人甲：两个星期前，我们开展了"做一周蛋爸蛋妈"的实践活动，同学们都体会到了爸爸妈妈养育小宝宝的艰辛。让我们来听听大家的感受吧！

队员甲（出示自己的小报，上面有活动照片和感想。下同）：这是我的蛋宝宝"流星"。我每天小心翼翼地保护它，可还是打烂了三个蛋宝宝。要好好保护小宝宝真的很不容易！更别说爸爸妈妈把我养育到这么大有多辛苦了！我一定会好好学习，做个听话的乖孩子。

队员乙：我的蛋宝宝叫"哈哈"。为了保护好它，我还特地用小挎包给它做了一个温暖的"家"。我每天很小心地带着它吃饭、做游戏，玩得很不尽兴，感觉时间过得特别慢。想想我在妈妈的肚子里待了那么久，妈妈是多么辛苦呀！

（4）交流感恩父母的方式。

主持人乙：同学们感受到了爸爸妈妈的辛苦，也一定想到了感恩他们的方法。谁愿意来说一说？

队员甲：勤俭节约，不要浪费爸爸妈妈的劳动成果。

队员乙：可以帮爸爸妈妈多做一些家务活，减轻负担。

队员丙：不要因为一点小事就任性。

……

主持人甲：谢谢大家的发言。俗话说"滴水之恩，当涌泉相报"，更别说爸爸妈妈给我们的不是一滴水，而是一片汪洋大海。

主持人乙：感恩需要我们用心去体会，现在就让我们用最真诚的歌声为爸爸妈妈等长辈送上我们最美好的祝愿吧！

（5）手势舞表演：《我祝愿》。

（全体起立表演唱歌曲《我祝愿》，配简单手势；在演唱过程中几位领唱一一上台，第二遍演唱时全体转身，面向后面的家长进行表演）

2. 感恩老师同学

（1）回顾班级活动，感受老师的关爱、同学的帮助。

主持人甲：爸爸妈妈的恩情我们没齿难忘，但是除了他们，老师也每天都关怀着我们的成长，友善的同学也常常给我们许多帮助和快乐。

（配乐出示 PPT：老师、同学日常校园生活的照片和一句话照片解说，最后出示全班合影，定格。）

主持人乙：对老师和同学我们也应该学会感恩。在历史上，许多名人都对自己的老师怀有一颗真诚的感恩之心，让我们的故事大王来给大家讲讲吧！

（三名队员上台依次讲述伟人、名人尊师的故事，PPT 出示相应背景图。故事略。）

队员甲：我给大家讲述的是毛泽东爷爷给自己的老师敬酒的故事……

队员乙：我给大家讲述的是江泽民爷爷百忙中探望老师的故事……

队员丙：我给大家讲述的是居里夫人亲吻老师的故事……

队员甲乙丙：同学们，伟人之所以伟大，名人之所以能成为名人，是因为他们拥有美好的心灵和高尚的品质。学会感恩，让我们奋进、让我们成长！

3. 感恩祖国

（1）回顾"汶川大地震"。

主持甲：四川被称为"天府之国"，风景秀丽，人杰地灵。但在 2008 年 5 月 12 日，四川省的汶川地区发生了里氏 7.8 级大地震，以汶川为中心的广大地区遭受严重损失，满目疮痍，全中国的目光都聚焦到了这里，全中国的救援都集中到了这里！

（2 个负责资料收集的小队队员上台，展示自己收集到的资料。）

一小队：我们小队收集到了汶川地震的图片。

二小队：我们小队收集到了祖国支援四川进行灾后重建的感人画面。请欣赏。

（PPT 出示相关图片，配乐为《四川依然美丽》的音乐。）

主持乙：世界在这一刻叹息，天空失去美丽。但是我们相信：生命不息，血脉相连能创造奇迹！虽然经历过艰难困苦，但是因为有亲爱的祖国，我们的家乡更加美丽！面对来自四面八方的援助，我们深切地感激！

（2）歌舞表演《四川欢迎你》（舞蹈队员上台，其余队员拍手齐唱）。

4. 总结升华：怀感恩之心　做美德少年

（1）朗诵感恩古诗句、名人名言。

主持甲："感恩"是我国一项传统美德。心怀感恩，就能使人与人为善，奋发向上，成为一个美德少年。古今中外，感恩教育源远流长，有着十分悠久的历史。请听有关感恩的古诗句和名人名言。（两个负责收集感恩名言的小队队员手持名言警句条幅上台。每念一句，全体队员跟读一句。）

【一小队】

队员甲：知恩图报，善莫大焉。

队员乙：一日为师，终身为父。

队员丙：谁言寸草心，报得三春晖。

队员丁：羊有跪乳意，鸟有反哺情。

【二小队】

队员甲：我是中国人民的儿子，我深深地爱着我的祖国和人民。（邓小平）

队员乙：人家帮我，永志不忘；我帮人家，莫记心上。（华罗庚）

队员丙：有时我们需要提醒自己，心怀感激实在是一种美德。（贝纳特）

所有队员：感恩，是一种美德，是一种境界，是值得你用一生去珍视的一次爱的教育，是发自内心的无言的永恒回报。感恩，让生活充满阳光，让世界充满温馨！

（2）感恩诗歌朗诵（两名领诵走上讲台）。

队员甲：我们沐浴着爱的阳光长大，人间的真情滋润着我们成长。

队员乙：如果人没有学会感恩，那么在人生的旅途中，我们将迷失方向。

队员甲：感谢父母，赐予我生命，不求回报地爱着我。

队员乙：感谢老师，教给我知识，告诉我做人的道理。

队员甲：感谢朋友，在我困惑、委屈的时候给我力量。

队员乙：感谢所有帮助过我的人——

全体队员：因为他们使我渡过难关！

队员甲：感谢所有关怀过我的人——

全体队员：因为他们给我温暖！

队员乙：感谢所有鼓励过我的人——

全体队员：因为他们给我力量！感谢所有使我成长的人，

感谢世界上所有值得我感激的人!

（3）在"感恩树"上贴"感恩卡"。

主持乙：在这次活动中，同学们制作了一张感恩卡，把自己想要感谢的人、想说的话都写在了上面。现在就请各小队的小队长做代表，把本小队队员的感恩卡贴在黑板的"感恩树"上。

（4）各小队长上台贴感恩卡，其余队员起立，演唱手语舞《感恩的心》。第一段演唱完毕后，每个队员走到自己的家长面前，表演唱第二段。

5. 结束

中队长宣布主题队会到此结束。

6. 辅导员讲话（略）

7. 队仪式：退旗（略）

活动反思

在本次队会中，通过"感恩"这条线把队员们的亲身经历、社会实践、日常校园生活等内容全部联系起来，层层深入设计活动环节，不仅容易引起队员情感上的共鸣，而且能够触动队员们的心灵，便于深入开展后续活动，引起他们对自我言行举止的反思，最后落实到行为习惯的改变上，将感恩教育落到实处，并因为感恩而学会奋进，最终成长为一个爱家爱校爱国的对社会有用的人。

总之，感恩是一个永恒的话题，希望队员们在这一次又一次的活动中收获良好的习惯、宽广的心胸，成为一个心怀"大爱"的人。

"请党放心　强国有我"

学习《习近平总书记在庆祝中国共产党成立 100 周年大会上重要讲话精神》

陈英杰　四川省优秀辅导员、青羊区特级教师

导语

为深入学习领会习近平总书记"七一"重要讲话精神，从党的百年奋斗历程中汲取奋进力量，推动党史学习教育走向深入，要确保习近平总书记在庆祝中国共产党成立 100 周年大会上的重要讲话精神在青少年中入耳入心。

作为一名辅导员，要引导队员学习党的百年发展历史，认真回顾党走过的路，体会党的发展对于国家稳定繁荣发展的重要意义，进而激发他们对党的热爱对党的向往，对国家的热爱，坚定爱国信念，从而激发爱国热情和树立爱国信仰，让红色基因，革命薪火代代传承。

这是历史和未来碰撞的一节队课，是思想得到洗涤和升华的一节队课，作为少先队员，这样的学习必不可少。本节队会课主要采用学知行相结合的方式，让队员学党史，感党恩，跟党走。

活动目标

（1）学深悟透"七一"重要讲话精神，为队员成长启智润心，培养少年儿童对党和人民的朴素情感。

（2）结合青羊区红色资源，用丰富、鲜活的历史素材，引领队员感悟革命先辈的英模事迹和气概，讲活一代代中国共产党人的精神之源，激发听党话、跟党走的决心。

（3）增强历史责任感和使命感，树立坚定的民族信仰，为肩负起民族振兴、国家富强的重任奠定思想基础。

活动准备

中队委、辅导员需提前熟悉视频、讲稿、PPT 等资料；队员自主学习资源包材料；准备红领巾争章卡。

注意事项

（1）课件由中队委使用，活动时长预计 40 分钟。

（2）中国少年先锋队队歌要唱完整（两段歌词）。

（3）活动前，辅导员解析奖章含义，明确获章标准和争章目标；辅导员需规范佩戴红领巾，小队长组织队员进行红领巾奖章评议，将评议结果报中队组织委员。

活动过程

一、预备部分

（各小队长向本小队队员发出"立正"口令，然后跑步到中队长面前，敬礼。）

小队长：报告中队长，第×小队应到队员×人，实到×人。报告完毕。

中队长：接受你的报告！请稍息。（敬礼）

（小队长回原位发出"稍息"口令，小队稍息。各小队报告毕，由中队长向中队辅导员报告）

（中队长向全中队发出"立正"口令，然后跑步到辅导员面

前，敬礼）

中队长：报告辅导员，本中队应到队员××人，实到××人。报告完毕。

辅导员：接受你的报告！请稍息。预祝本次队会圆满成功！（敬礼，中队长敬礼，回原位，发出"稍息"口令。）

视活动实际情况可由中队长直接向辅导员报告。

二、正式部分

主持人1："请党放心　强国有我"主题队会正式开始，全体立正。

主持人1：出旗（奏出旗曲）—敬礼—（旗手到位后）礼毕。

1. 热议《习近平总书记"七一"重要讲话精神》

主持1：2021年7月1日，庆祝中国共产党成立100周年大会在北京天安门广场隆重举行，习近平总书记发表了重要讲话。这是少先队员成长道路上的一件大事。

主持2：习近平爷爷的重要讲话立意高远、视野宏大，作为新时代的少先队员，要增强做中国人的志气、骨气、底气，不负党和人民的殷切期望。

主持3：今天的队课，就让我们先来回顾习近平爷爷在庆祝中国共产党成立100周年大会上的重要讲话，

〔播放视频学习习近平总书记在庆祝中国共产党成立100周年大会上的重要讲话（片段）〕

2. 队员交流发言

（1）学习四川省优秀少先队员郑涵菲在"青羊区三届三次全委会"上的交流发言。

＊聆听了习近平总书记的重要讲话，并表示作为新时代少年，我们生在红旗下，长在春风里，请党放心，强国有我，愿

山河无恙，祖国繁荣富强！

＊我们是成长中的一代，我们是改革中的一代，我们是开创未来的一代，努力吧，我们对党许下誓言，我们向党致以少年的礼赞！

＊认真听取习近平总书记的重要讲话。我们伟大的党从1921 年到2021 年，一代又一代中国共产党人在不同的时期，坚守初心使命，用鲜血、汗水、泪水、勇气和智慧换来了中华民族从站起来到富起来再到强起来的伟大飞跃。

＊有幸生在红旗下，长在春风里，以后要永远听党话、跟党走，以自己的热血投身于盛世中华，要以少年的热情积极向团组织靠拢。

＊中国人民绝不允许任何外来势力欺负、压迫、奴役我们，谁妄想这样干，必将在14 亿中国人民用血肉筑成的钢铁长城面前碰得头破血流。

（2）学习"习近平总书记在庆祝中国共产党成立100 周年大会上的讲话精神"。

【专项答题（附答案）】

（队员抢答、齐答。）

中队长：在座的每一位青羊学子生活在大成都，新时代的我们正见证成都的富强，千年蜀都，文博青羊，努力前行。

辅导员：队员们，我们生逢盛世骄傲自豪。新时代，新征程，努力向上，追光前行，为实现中华民族伟大复兴中国梦贡献力量。

3. 播放视频《请党放心，强国有我》

少年强则国强，我们的征途是星辰大海，勇往直前，乘风破浪，齐心协力共建美好家园，未来已来，梦想可期，奋进新时代，逐梦新征程。

4. 诗朗诵《请党放心　强国有我》

主持：在庆祝中国共产党成立100周年大会上，共青团员和少先队员代表集体致献词的四名领诵铿锵有力，饱含深情的献诵给我们留下了深刻的印象，这是今日中国少年的铿锵宣言。

队员1：梦在前方路在脚下，我们都是追梦人。

队员2：为实现第二个百年奋斗目标，为实现中华民族伟大复兴的中国梦——

齐：准备着：为共产主义事业而奋斗！

队员3：时刻准备着！不忘初心，青春朝气永在。

队员4：百年仍是少年奋斗正青春！青春献给党！

队员齐：请党放心，强国有我！

请党放心，强国有我！

全体齐：请党放心，强国有我！

请党放心，强国有我！

辅导员总结：少先队员们，你们生长在伟大的时代，是幸福的一代，也是肩负重任的一代，党和人民对你们充满了期待，希望你们奋发努力，放眼未来，立足当下，无论你将走向哪里，希望你都能怀揣少年强国梦，勇往直前，蓬勃生长。

主持人1：下面请辅导员带领全体队员呼号。

辅导员：呼号（辅导员和队员同时举起右拳）。

辅导员：准备着为共产主义事业而奋斗！（全体队员：时刻准备着！）（辅导员放下右拳，全体队员放下右拳。）

5. 结束

主持人1：全体立正——退旗（播放退旗曲）——敬礼——礼毕。

主持人2："请党放心　强国有我"主题队会到此结束。

红旗章（梦想章）

争章要求	自评	小组评	辅导员评	整合评价
我交流 "重要讲话精神"感悟	☆☆☆	☆☆☆	☆☆☆	
我参与 "寻找身边红色遗迹"	☆☆☆	☆☆☆	☆☆☆	（图章）
我积极 参与小组讨论，主动完成任务	☆☆☆	☆☆☆	☆☆☆	
我分享 2035 梦想	☆☆☆	☆☆☆	☆☆☆	

共获得 28 个☆及以上，综合评价可争得红领巾奖章。

活动反思

队课通过多种形式学习讲话精神，推动党史学习教育走向深入，确保习近平总书记在庆祝中国共产党成立 100 周年大会上的重要讲话精神在少年中入耳入心。

"少年红，中国红"，队会课队员们骄傲祖国的日新月异，自豪社会的欣欣向荣，激励自己用激情拥抱时代，用奋斗点燃新时代，争做新时代接班人、争做新时代好队员，时刻听党话，永远跟党走，少城少先队员发出了"请党放心，强国有我"的时代强音，将主题队会推向高潮。

该案例获得 2021 年成都市少先队活动课一等奖

爱国有志　强国有我

张筱苹　成都市优秀班主任

导语

　　习近平总书记在全国思政教师座谈会上指出：引导学生增强中国特色社会主义道路自信、理论自信、制度自信、文化自信，厚植爱国主义情怀，把"爱国情、强国志、报国行"自觉融入坚持和发展中国特色社会主义、建设社会主义现代化强国、实现中华民族伟大复兴的奋斗之中。

　　爱国主义是中华民族精神的核心。中国特色社会主义进入新时代，必须大力弘扬爱国主义精神，把爱国主义教育贯穿国民教育和精神文明建设全过程。要成为社会主义建设者和接班人，必须树立正确的世界观、人生观、价值观，把实现个人价值同党和国家前途命运紧紧联系在一起。

活动目的

　　（1）结合队员所在时代的特点，寻找新时期爱国的含义，开展爱国主义、民族精神的教育。

　　（2）通过本次队会，激发队员们热爱祖国、热爱中华民族的感情，增进对伟大祖国的深厚情感。

　　（3）让队员们懂得爱国与责任的关系，坚定他们为振兴中华而认真学习、努力奋斗的信念，立志成为有理想、有道德、有文化、有纪律的一代新人。

活动准备

（1）中队长、副中队长熟悉主持词。

（2）神舟十二号载人飞船发射视频。

（3）准备戍边英雄故事、中美高层对话精彩片段、中国脊梁人物事迹。

（4）全体少先队员准备"中国的世界之最"知识竞赛题。

（5）学唱歌曲《强国一代有我在》。

（6）邀请今年高考应届生回母校。

活动过程

一、队的仪式

（各小队长向本小队队员发出"立正"口令，然后跑步到中队长面前，敬礼。）

小队长：报告中队长，第×小队应到队员×人，实到×人。报告完毕。

中队长：接受你的报告！请稍息。（敬礼）

（小队长回原位发出"稍息"口令，小队稍息。各小队报告毕，由中队长向中队辅导员报告。）

（中队长向全中队发出"立正"口令，然后跑步到辅导员面前，敬礼。）

中队长：报告辅导员，本中队应到队员××人，实到××人。报告完毕。

辅导员：接受你的报告！请稍息。预祝本次队会圆满成功！（敬礼，中队长敬礼，回原位，发出"稍息"口令。）

（视活动实际情况可由中队长直接向辅导员报告。）

二、活动过程

主持人1：地球似一叶扁舟，荡漾在浩瀚的宇宙，在这蔚蓝的生命之舟上，生存着这样一个国度——它就是中国。五千年的华夏文明，几代人的精心努力，造就了如今繁荣昌盛的中国。

主持人2：祖国发生了翻天覆地，举世瞩目的变化。中华民族虽历经沧桑却锐气不减，千锤百炼而斗志更坚。（响起背景音乐《中国脊梁》。）

主持人1：有一种感动，宛如流星划过苍穹，有一种震撼，仿佛大海澎湃汹涌。

主持人2：你却用智慧的火花，闪亮了中国万里长空！中国人有脊梁，一腔热血把正气唱！

1. 骄傲中国人

（1）膜拜脊梁人物。

第一小队四名少先队员边唱歌边走上台，主持人退出。

四名少先队员分别给大家讲中国古代（文天祥、岳飞）和现代（钱学森、袁隆平）脊梁人物的事迹

主持人1：各位少先队员，你们还知道哪些中国脊梁人物的事迹？随机请队员发言。

主持人2：在我们身边的这些富有爱国主义、集体主义的典型代表，他们是中国精神、中国价值、中国力量的最好诠释，他们成为这个时代最"硬核"的英雄偶像。

（2）致敬戍边英雄。

主持人1：英雄，就是向着危险毫无畏惧地走过去，纵然前面有千军万马，也要勇往直前。

主持人2：英雄是有抱负，不畏艰险，为他人做出巨大贡献的人。

主持人1："祖宗疆土，当以死守，不可以尺寸于人！"，新时期"爱国主义"之"爱"发生了巨大的变化。请二小队队员给我们讲戍边英雄的故事。

主持人1：你以为的岁月静好，事实上是有人在为你默默守护，你认为的唾手可得的幸福，事实上是有人在替我们负重前行！

主持人2：他们用血肉之躯筑成坚实围墙，誓死捍卫着祖国的领土，以拳拳之心映照出对党、对国家的赤诚情怀，这是对祖国的爱！

主持人（齐）：作为中国人，我们无比骄傲，这份骄傲和自豪，已经深深植根于我们每个人心中，扎根在我们每个少先队员的心中！

请听三小队铮铮铁骨浩然正气的配乐诗朗诵《我骄傲，我是中国人》。

2. 颂今日之中国

（1）中国的硬气。

主持人1：今日之中国，巍然屹立于世界之东方，没有任何力量能够撼动我们伟大祖国的地位，没有任何力量能够阻挡我们中华人民和中华民族前进的步伐！

主持人2：请四小队代表介绍，3月18—19日，在美国阿拉斯加州，中国与美国开展了高层战略对话。

第四小队展示制作的PPT并介绍，展示后四小队队员发言：

刚才的两个视频，同样是辛丑年，中美高层对话却完全不一样了。120年前的辛丑年，腐朽没落的满清政府与美国等11个西方列强，签订了丧权辱国的《辛丑条约》。

2021年的中美对话，面对美国的无理行径，外交官们掷地有声地表明中国立场，字字铿锵，硬气、豪气、霸气、解气、服气！

我们感觉到中国在外交场合上越来越硬气，这都是源于中国综合国力的提高。

（2）中国的飞天梦。

主持人1：飞天梦是奋发图强的中国梦！橘红的烈焰让天空沸腾，银白的火箭奔向苍穹！

播放神舟十二号载人飞船发射视频（定格在飞船向着太阳进军的那一瞬间）。

主持人2：随机参访队员观后的感受。

（3）中国的世界之最。

主持人1：不仅是载人航天，嫦娥探月、天问探火、北斗导航等无不捷报频传。

主持人2：科技托起强国梦！队员们，你们知道吗？我们中国有多少之最？有哪些是世界科技之最呢？

全体队员进行知识抢答。

3. 树爱国情，为国奋斗

主持人1：作为红色基因的传承人，我们沐浴着党的阳光，迎接着时代的激流，见证着中国的发展脚步。

主持人2：新时代爱国主义的"爱"还要把"奋斗"作为"爱国"的重要内涵。今天，我们以祖国为傲，明天，祖国也必以我们为荣。

主持人1：今天，我们中队有幸邀请到了石室中学高三毕业的学长回母校。他已光荣加入共青团，并报考上海科技大学，立志为中国的芯片制造贡献出自己的一份力。有请学长哥哥为我们做《强国有我》的演讲。

高三学子做演讲。

4. 强国有我在

主持人2：新时代前景光明壮丽，新征程奋斗未有穷期。成长在新时代的我们，将不断增强做中国人的志气、骨气、底气，捍卫盛世之中华！

主持人1：身为一名少先队员，处在这样一个伟大的时代，是我们的幸运，为这个时代奋斗，是我们的责任！"强国一代有我在！"这是一种为国家之强大而贡献力量的精神，是一种奋发的激情！

全体队员齐唱《强国一代有我在》。

5. 辅导员总结

亲爱的队员们，今天我们开展了一节振奋人心的爱国教育主题队会，这一场酣畅淋漓的心灵洗礼。"少年强则国强，少年富则国富"，你们是中国的希望！你们是祖国的未来！你们肩负使命！

"国势之强由于人，人才之成出于学"，希望你们求真学问，练真本领，用知识武装自己，立报国之志，践报国之行。做新时代的好种子，做新时代的追梦人。你们要始终铭记着习近平总书记的谆谆教导，听党话，感党恩，跟党走。

三、队的仪式

主持人：下面请辅导员带领全体队员呼号。

辅导员：呼号（辅导员和队员同时举起右拳）。

辅导员：准备着为共产主义事业而奋斗！（全体队员：时刻准备着！）（辅导员放下右拳，全体队员放下右拳。）

活动反思

爱国主义是一面旗帜，有效地凝聚了中华儿女的向心力和奋斗力，是推动历史进步的巨大力量。爱国主义不能只是形式主义，新时期的爱国主义教育既要融入时代背景又要突出当代主题。

"爱国主义"的所爱之"国"，与过去有了明显的不同。这次队会的爱国主义教育跟上了这种趋势。外交场合的硬气，中国航天人的飞天梦，让队员们感受到了中国的强大，同时也体会到了中国人的扬眉吐气、体会到了作为中国人的骄傲自豪！

这次队会还把"奋斗"作为"爱国"的重要内涵。戍边英雄的壮举，科学家的事迹，无疑不深深震撼着队员们，这些都是教育契机，丰富了队会内容。

《强国有我》的演讲，传达着科技强则国家强的信息，犹如一剂强心针，彰显中华民族伟大复兴的自豪感与使命感，将"树爱国情，为国奋斗"这颗种子扎根于每位少先队员的心中。奋斗拼搏，努力奔跑，做新时代的好种子，做新时代的追梦人，成为全体队员的报国志向。

该案例获得 2021 年成都市少先队活动课一等奖

"我们的节气——春分"

黄婉鹏　成都市优秀辅导员、国学推广领航人

导语

　　二十四节气是中国文化中很重要的一部分，是我国劳动人民独创的的文化遗产。它能反映季节的变化，指导农事活动，影响着千家万户的衣食住行。它是我国古代天文学和气象学的特殊创造，是劳动人民在长期实践中总结出来的经验。它反映了地球上的四季变化、天气冷暖、降水状况、物候征兆等自然现象。

　　二十四节气与我们的生活密切相关，孩子们应该认识这一时间知识体系，因为它不仅是农业地区的时序指南，同时也是中国多民族、多地区的时间坐标，是中国人的自然哲学观念的生动体现，也是海外华人与祖国历史文化发生联系并强化文化认同的文化实践。这也是节气带给我们的生活服务价值的特殊体现。对于我们今天社会的小主人来说，很重要的一点，我们认为是一种文化认同的价值。传统时间制度与观念，代表一种文化归属。在每个节气点，通过共同的仪式活动以及共享食物，带来一种共同的感受，凝聚大家的文化认同感。我校的节气队会课程以点带面辐射到国学的相关知识，让学生体验形式多样、内容丰富的经典文化，从而尊重自然、热爱生活。

活动目标

（1）通过积累，了解春分节气的知识，引导队员品读积累关于春天的古诗，体会"国学即生活"。

（2）充分调动队员积极性，培养队员收集整理资料的能力。探索二十四节气的历史渊源、独特情趣。

（3）通过活动，让古代劳动人民的经验深深地印在队员的脑子里。感受中华民族的文化基因，让队员热爱生活。传承二十四节气文化，让学生热爱自己的家乡和祖国。

活动准备

（1）以"春、夏、秋、冬"为明线，以"人们对自然万物的认识"为暗线进行为期一年的分小队资料收集活动。以春分节气内容作为队会重点展示。

（2）一阶，感知节气，形象地建立节气的概念。二阶，知节气，识节气，体会节气与我们的生活密切相关。三阶，感受节气文化的博大，传承节气文化，成为具有中国精神的人。

（3）借助社会和家庭让活动准备丰富多彩。情景化、故事化、生活化、游戏化、诵读化。

活动过程

一、队的仪式

（1）整队、报数。

（2）出旗、奏乐、敬礼。

（3）中队辅导员宣布主题队会开始，并预祝活动成功。

二、活动内容

1. 走进春分

中队长甲：昨天是 3 月 20 日，是中国二十四节气中的春分，它是春天的第四个节气。春天已经悄然来到我们身边。各小队通过前期的调查访问，了解了许多关于春分的知识。

请各小队汇报：

（1）一小队解析"春""分"二字。

这就是古时候的"春"字。早期的甲骨文里，"春"字由哪些部分组成？（木、日、屯）

古人是要用这个汉字表示春阳普照，草木生长的意思！直到现代才简化成大家看到的样子。

再来看"分"字，从甲骨文、金文，到现在"分"字一直没有多大改变，都是用刀分割东西的形状。分开就是"分"的本意。也做平分讲。

所以，队员们知道"春分"的意思是什么了吗？

"春分者，阴阳相半也，故昼夜均而寒暑平。"古时候，这个节气也被称作为"日中"，这一天，太阳直射赤道，白天和晚上一样长。而过了春分，太阳直射点慢慢向北移动，北半球的白天越来越长，晚上越来越短，所以，这一天也被称作"升分"。

小队长介绍古代人把"春分"分作"三候"。

队员齐诵："一候玄鸟至，二候雷乃发声，三候始电。"

（2）二小队汇报春分这个节气，事物的变化。

A. 春分三候是什么意思呢，请看视频：

大家好，我是国学小达人，现在由我为大家讲解。一年有二十四个节气，每个节气都是十五天，每五天称为"一候"。春分也分为三候。第一个候是第一个五天，在这段日子里，燕子飞回来了。第二个五天和第三个五天，春雷响起来了，发出闪电了。你听懂了吗?

B. 队员展示调查研究春天的六种动植物变化曲线图。根据曲线图,我们了解到世间万物变化都是有规律可循的。我们要遵从自然法则。

C. 歌舞剧《春天在哪里》。节气指引着人们的生活,热爱生命,向往大自然。

(3) 小队解析节气谚语。

从古至今,智慧的中国人就是在这样有序的节气规律中学会生活的。一起来积累几条有意思的谚语吧!

队员轮流吟诵理解:

"春分前好布田,春分后好种豆。"

"春分种芍药,到老不开花。"

"春分有雨病人稀。"

大家注意到昨天下雨了吗? 在这些谚语中你喜欢哪句,读给同伴听。积累谚语。

中队长乙:刚才我们一起了解了春分的小知识,现在来考考大家记住了哪些。(队员们用投票器完成选择题、统计。)

"春分"是春天的第四个节气,又被称为"日中""升分"。在这一天里 (   )

白天更长。

黑夜更长。

白天和黑夜一样长。

2. 品味春日

中队长丙:

(1) 这段时间,大家都在关注中央电视台的"中国古诗大会",今天我们也开一个少城小学"宽堂古诗大会",请队员和家长们准备好抢答器。

①下面哪句古诗在描写春天呢?(   )

A. 停车坐爱枫林晚,霜叶红于二月花。

B. 阳春布德泽，万物生光辉。

C. 接天莲叶无穷碧，映日荷花别样红。

②下面诗句中，哪句是正确的？（　　）

天街小雨润如酥，草色遥看近却无。

天街小雨润如酥，草色遥看近却有。

天街大雨润如酥，草色遥看近却无。

③二月春风似剪刀（九宫格猜诗）

谁能把这首诗完整的背诵出来？

让我们一起回顾这首诗，感受春天的美。你觉得哪儿美？为什么？邀请家长和嘉宾一起来品读。

（2）中队长丙小结：我们从古诗走进春天，看到碧绿的垂柳，感受到神奇的春风，这就是"诗中有画"。

（3）其实"画中也有诗"。（四小队展示。图文并茂。）

在诗人的描写中，在队员们的吟诵里，我们的眼睛、耳朵、心中的春意越来越浓了，真是"诗中有画"。

（4）视频播放种植蔬菜。在春分的节气里，队员们在校外辅导员庭院种植专家王叔叔的带领下，在校园种植墙上种植时令蔬菜。并把菜苗带回家和家长一起栽种植。"小手牵大手　共享节气令"

3. 感悟春意

（1）五小队成员：我们在春天里，还积累了许多描写春天的诗句。

PPT：我看到（美景）＿＿＿＿＿＿＿，想到（古诗）＿＿＿＿＿＿＿。

（2）"校长寻人——我和春天有个约会"自创春天的诗展示。8个小队轮流展示。

（3）请六小队展示用泥塑制作的春分节气美食。民以食为天，在春分这个节气里智慧的中国人用"采青"来讨个好彩头。

（4）我们的生活就像诗一样的美好，生活就像诗。

三、辅导员总结

如果我们来画一张图，横线表示日子，竖线表示白天的长度，每个节气都做一个标记。一年以后，当你连上所有节气的标记，就会得到一条很漂亮的红色曲线。这个曲线有高峰，那是白天最长的日子夏至；也有低谷，那是白天最短的日子冬至。如果在这张图上加上夜晚长度的蓝色曲线就会发现两条曲线也有相交的地方，那就是春分和秋分，因为白天和黑夜一样长。队员们，今天的队会课我们有许多收获。其实节气就在我们的生活中。所以，大家还可以用刚才画曲线的方式记录你每天的心情，当你画出自己的情绪曲线时，没准儿会发现，原来在属于自己的时光里，也是这样，有快乐的高峰，有伤心的低谷，有幸福，有愤怒，有笑容，有泪水。你们会发现，人生和我们的生活一样，有春天，就会有冬天，有晴天就会有雨天。也许，那些伤心、愤怒、泪水，也会像冬天和雨天一样，是来滋养我们的，帮助我们的。所以，不管你现在是开心、平静还是难过，都快乐享受吧！

我宣布，今天的队会圆满结束。

呼号：准备着，为共产主义事业而奋斗！（时刻准备着）

四、队的仪式

出旗、奏乐、敬礼。

活动反思

我校教师近年来自编的国学教材《赏二十四节气，品五千年文明》将二十四节气的内容分为七个部分和孩子们分享：节气的来历、节气三候、节气文学、习俗展示、饮食养生、农业种植、学习生活。这学期，我们的队员也加入了探究节气知识的行列，课内外知识相结合，收获显著。节气知识，从生活中总结而来，又由队员们在生活中去创造。它是传承古今的歌唱，它是感动天地的情怀，它是勇担使命的理想，它是创造未来的力量。队员们学习那些多年来被中国人反复使用的节气知识时，它跨越千年的时光与我们相会，点点滴滴流光溢彩。节气的魅力源源不断地感染到队员们。伴随着悠扬的音乐，优美的舞姿，队员们或浅吟低唱，或讲述或思考或评论。此次队会活动赋予了中国古代文化更深刻、更丰富的内涵。古为今用，以古鉴今。队员们在接受现代教育的同时，浸润着中华优秀传统文化，在最深切、最久远的人文关怀中，做豁达君子，有为雅士。

小小红领巾　追梦赤子心

——致敬改革开放四十年

冯　靖　成都市优秀辅导员

队歌在改革开放的旋律中唱响

队旗在改革开放春风中挥舞

队礼在改革开放的变迁中致敬

改革开放，我们历经了 40 年，每一步都是追逐、每一步都是领悟

集结在星星火炬的旗帜下——追逐我心中的梦想

我的青春正逢少先队改革

改革开放的号角吹进了校园，少先队活动课在改革，笔者以"玩成天才不是梦"为主题，鼓励队员自主创新少先队活动，让队员走出教室，融入校园、融入社区、融入生活；从个别尖子队员参与到全员参与；从体验游到研学游；从全面发展到个性释放，队员们成了自己最好的样子，惊艳了时光。

不扫银杏叶，在满地金黄的树下嬉戏、摆图形、玩雨伞抛银杏叶……

搭建蘑菇屋，像蓝精灵一样和小蘑菇快乐成长……

种植莲花，养金鱼、养乌龟、观察它们的生长……

樱桃节、草莓节、蔬菜节……红领巾广播站；红领巾微视频；红领巾机器人建模、航模、编程；红领巾 3D 创客工作室；红领巾阵地从川菜博物馆、三星堆、到邛崃红军长征纪念馆……燃爆的少先队活动成了队员们的最爱。

深化少先队改革，红领巾集结号已经吹响！

我的青春正逢美好新时代

未来已来，高科技的时代已经到来，新时代，属少年，用创新创造打造新时代少年风采，追梦的舞台有你有我更精彩！

新时代，带领队员走进中央电视台《看我 72 变》创意节目，队员们奇思妙想，在短短 3 分钟的舞蹈里实现了 4 次变装，赢得了冠军的奖杯。

新时代，带领队员走进社区，为 2018 国家网络安全打卡。

新时代，带领队员参加世界环球日创意比赛；承办澳大利亚社区画展，学习捷克语歌曲，在成都捷克文化周中精彩亮相；组织蓉港象棋友谊赛，感受中国象棋的魅力……

新时代，带领队员用微信、微博、抖音等新媒体弘扬时代的主旋律。

我的青春正逢改革开放四十年

时光流逝，改革开放 40 年，中国在变，世界在变，

但我们是共产主义接班人的旋律不变。小小红领巾与改革开放同行！

还记得，红领巾原创舞蹈《小喇叭吹响新时代》在青羊区纪念改革开放四十周年文艺汇演中获得阵阵掌声；

还记得，入队仪式上鼓号队员迈着铿锵有力的步伐吹响号角；

还记得，红领巾小志愿者在图书馆、博物馆、科技馆宣传文明停放共享单车；

还记得，红领巾代表青羊区参加《垃圾分类我最棒》红领巾故事会，荣获唯一的"故事大王"称号；

还记得，红领巾在天安门广场面向国旗庄严敬礼时，

我看到了，我看到了新时代祖国的未来，我为你们点赞……

我的青春正逢时，当笔者代表四川省辅导员在学习党的十九大精神的大会上发言时，深刻地体会到了作为辅导员，身上的责任与担当！

习近平总书记说：幸福是奋斗出来的，为了可爱的红领巾，我愿用一颗赤子之心去追逐心中的梦想！

> 我每天都和少先队员一起成长
> 我们走啊走啊，走着走着，
> 也成了少城最美的风光……

该案例获得青羊区辅导员大赛一等奖

我们是辅导员，我们为自己代言

面向 PPT，背对观众宣誓。

入队誓词：我志愿成为少先队辅导员，

拥护党的领导，献身教育事业，

情系队员成长，做好良师益友

为培养共产主义事业接班人而努力奋斗！

歌曲：《追梦之路》——《我们一起走过》大型纪录片主题曲》

歌曲前奏：诗朗诵

甲 2：华彩青春，美丽少城，

乙 2：激情岁月，书写华章，

丙 2：青年壮志，携手朝阳，

甲 2：锦绣年华，筑梦荣光，

乙 2：传承光荣，不辱使命，

丙 2：锐意进取、敢于担当，

齐：不忘初心、砥砺前行，

高扬火炬、跟党前进

歌曲演唱

甲：江河是向海的路，每个浪花都向往速度。

阻拦的礁石正好变礼物，让脚步更无拘无束。

乙：命运该不该重复，挑战能不能改变。

希望满胸间，闪耀着尊严，心中不再彷徨不安。

丙：每一步都是追逐，我将穿越那岁月肺腑。

翅膀在天空要龙飞凤舞，许下的诺言句句算数。

每一步都是领悟，只在沉默中体会甘苦。

每次迈出都是生命跨度，所有的梦都大展宏图。

甲：江河是向海的路，每个浪花都向往速度。

阻拦的礁石正好变礼物，让脚步更无拘无束。

乙：探索是梦的地图，千万风景都需要征服。

沿途的种子慢慢地成熟，等待是收获的艺术。

结束诗朗诵

甲：我们正年轻，青春的脚步与改革开放同行。

乙：我们正年轻，青春和热血与少先队事业同行。

丙：我们自豪，自豪祖国的欣欣向荣有我们辅导员的业绩。

甲：我们骄傲，骄傲少先队员的成长的我们辅导员的助力。

齐：青春万岁、万岁青春。

冯：让我们高举星星火炬，挽起辅导员的臂膀，朝着伟大复兴的光辉彼岸，前进、前进、前进！

第三编　大队主题队会案例集锦

　　大队队会是基于学校教育理念和育人目标下的大型教育活动，以全场景、全时空、全体人员共同参与为特点，具有强大的育人气场和仪式感，结合重大的纪念日开展，具有很强的影响力，让教育主题能深入人心。

少先队分批入队工作方案

为进一步贯彻落实共青团中央、教育部、全国少工委《关于构建阶梯式成长激励体系增强少先队员光荣感的指导意见》，切实增强少先队员的光荣感和组织归属感，按照《中国少年先锋队章程》，在全校推进少先队分批入队工作，特制定本工作方案。

一、工作目标

通过有组织、分批次吸收一年级同学加入少先队，全面落实《入队规程》，进一步规范少先队入队工作程序。通过充分的队前教育、具体的入队标准、规范的入队程序和庄严的入队仪式等，聚焦政治启蒙、价值观塑造、组织意识培育，充分保证一年级接受队前教育，增强少先队员的光荣感和组织归属感。

【领导小组】

组长：×××

副组长：×××

成员：×××、×××

二、实施原则

（1）全童入队原则。

第一批次：一年级的第二学期"六一"不超30％；

第二批次：二年级建队纪念日"十一三"；

第三批次：二年级第二学期"六一"。

（2）程序规范原则。

（3）公开公正原则。

三、工作内容

1. 队前教育

落实《入队规程》，开展队前教育，教育学生要达到"六知、六会、一做"。

2. 入队标准

分批入队与学校教育教学计划、红领巾奖章争章活动等有机融合。

分批入队采取积分制，方式：标准量化、积分累计、民主评议。

3. 进行全面评价

队员发展评价办法、民主评议标准和流程。

新队员：学生自评、同学互评、家长评价、教师评价。

争做少先队员 集"星星火炬章"——入队大闯关

时间	内　容	评价
红星章	【你好，红领巾】"分批入队"来了，少城小学预备队员们，你准备好了吗？为什么要加入少先队、分批入队、首批入队比例、怎样才能入队、暂未入队少年儿童该如何做？	
	通关宝典一：队前教育知识"六知、六会、一做"知识问答	教师评
	通关宝典二：入队申请书、入队前做一件好事	家委会评

时间	内 容			评价
红旗章	通关宝典三：五育并举　全面发展			
	品格课程	专　注	树立榜样试戴红领巾一周	班主任评
		有　序		家长评
	智多课程	写作业		教师评
	健康课程	跳短绳		教师评
	才艺课程	红领巾报		学生评
	劳育课程	系领巾		大队部评
火炬章	通关宝典四：学生评比积分成绩			班主任评
基础章	通过宝典五：科任老师投票			
特色章	通过宝典六：获奖加分，全国 5 分、省 4 分、市 3 分、区 2 分、校 1 分			

自主申报、报送材料

↓

学生演讲　投票支持

↓

任课教师　投票选拔

↓

家长审核　入选资料

↓

首批入队　30％学生

少先队分批入队给家长的一封信

"分批入队"来了，
少小预备队员们准备好了吗？
有一个光荣的组织，
叫中国少年先锋队。
有一种光荣，
叫我是一名少先队员。

亲爱的 2020 级预备队员、少爸少妈们：

你们好！

为深入贯彻落实致中国少年先锋队建队 70 周年贺信精神，切实增强少先队员的光荣感和组织归属感，坚持"全童入队"组织发展的原则，严格遵守《中国少年先锋队章程》要求，落实共青团中央、教育部、全国少工委《关于构建阶梯式成长激励体系增强少先队员光荣感的指导意见》，2021 年起，学校试行实施"分批入队"啦！

从以往的"全童同时入队"转变为全童"分批入队"！学校将通过充分的队前教育，综合一年级预备队员们的各方面表现，经组织批准，分不同批次加入中国少年先锋队，即"达标一批，吸收一批"，最终完成全童入队。一年级的全体预备队员可要好好努力哦！

问题和解答

问：为什么要加入少先队？

中国少年先锋队（简称"少先队"）是党创立和领导并委托共青团直接领导的中国少年儿童群众组织，是少年儿童学习中国特色社会主义和共产主义的学校，是建设社会主义和共产主义的预备队。加入少先队既是荣誉也是成长！

答：什么是分批入队？

全国少工委在《关于构建阶梯式成长激励体系 增强少先队员光荣感的指导意见》中提出为了让适龄儿童充分接受队前教育，切实增强新队员的光荣感和组织归属感，所以进行分批入队。

问：分批入队的时间安排？

答：少先队预备队员分批入队原则上分三个阶段进行。

第一阶段：一年级第二学期"六一儿童节"前后，推荐优秀少年儿童作为首批队员入队，原则上第一批入队占比不超 30%。

第二阶段：二年级第一学期 10 月 13 日"建队日"前后。

第三阶段：二年级第二学期"六一儿童节"前后，实现全童入队。

问：加入少先队需要什么条件？

答：凡是 6 周岁到 14 周岁的少年儿童，愿意参加中国少年先锋队，愿意遵守《中国少年先锋队章程》，认真学习队课，在掌握"六知""六会"，在完成"一做"的入队基本标准基础上向学校少先队组织提出入队申请，积极参加学校红领巾争章活动，努力争取红星章、红旗章、火炬章、五育章等红领巾奖章，通过自评、互评、他评的方式，德智体美劳全面发展经组织批准，就可以入队。

问：暂未入队的预备队员，在哪些方面还需要努力？

答：没有第一批入队的预备队员不要气馁，只要按照少先队员的标准去努力，最后都能加入少先队这个光荣组织中来，宝贝们加油！（没有入队的预备队员也可以参加本年级的少先队活动，选举、评优除外。）

少爸少妈们，少先队组织是党团队一体化传承红色基因的分链条，要充分发挥少先队组织在立德树人中的独特作用，运用少先队特有的激励载体，引导少年儿童"天天有目标，时时有进步"，循序渐进地接受政治启蒙和价值观塑造，努力增强少先队员的光荣感和组织归属感，希望少爸少妈能引领教育孩子正确认识分批入队，不间断的给予监督和鼓励，与学校形成合力，共同为孩子的人生起步做好教育引领。

亲爱的一年级预备队员们，你们是幸福的一代，也是承载希望的一代，你们是祖国的未来，是人民的希望。相信你们在爸爸妈妈和辅导员的帮助下，通过自己的不断努力，一定能够早日加入少先队组织，成为一名光荣的少先队员。

从现在开始积极行动起来吧！

从小学先锋，长大做先锋！

努力成长为能够担当民族复兴大任的新时代好队员！

强国有我在　奋斗正少年

2020 级首批入队仪式

引子

学生（齐）：敬爱的老师！

教师：亲爱的同学们！

全体（齐）：大家上午好！

主持 1：今天我们在这里举行"×××××"。

齐：薪火相传　吹响入队集结号。

主持 3：从小学先锋　长大做先锋。

主持 2：百年历程　百年辉煌。

主持 4：星星之火　代代相传。

一、出旗、唱队歌

主持 1：全校同学听我口令：全体起立、稍息、立正。

主持 2：中国少年先锋队，多么响亮的名字。

　　　　中国少年先锋队，多么骄傲的名称。

主持 3：队歌唱起来。

主持 4：队礼敬起来。

学生（齐）：我爱你——红领巾。

老师：接下来是隆重的入队仪式，今天担任出旗的是国旗班×××指挥：×××。

出旗、奏乐、敬礼。　　　　　　　　　　　　（出旗曲）

礼毕、唱队歌。　　　　　　　（音乐《中国少年先锋队队歌》）

主持1：请2～6年级同学全体坐下。

主持2：少先队们、老师们，让我们用热烈的掌声欢迎首批新队员闪亮入场。

音乐《高飞》

二、宣读新队员名单

主持1：请王校长宣读新队员入队名单。

校长：我宣布，经辅导员的综合考核，少先队大队部审核决定。1（1）中队×××、1（2）中队×××、1（3）中队×××、1（4）中队×××、1（5）中队×××、1（6）中队×××等××名同学被正式批准加入中国少年先锋队，用热烈的掌声祝贺他们。

三、授红领巾仪式

音乐《红领巾飘起来》

教师：现在举行授红领巾仪式。

授红领巾××班、××班就位。

为新队员授红领巾，互敬队礼。

哥哥姐姐向新队员送小礼物。

新老队员们一起，立正！敬礼！

礼毕，请××中队、××中队级授巾人退位。

祝贺你们，第一批少先队员。

希望你们再接再厉，真正做同学们的榜样。

主持3：做最好的自己！

主持4：做同学的榜样！

大队辅导：期待更多的一年级同学早日加入中国少年先锋队！

（授红领巾解说词）

主持1：有一种东西，它承载着人们的希望，看不见、摸不着，却能在心中产生一股巨大的力量，那是梦想。

主持2：有一种颜色，飘扬在队员的心中永不褪色，那是红旗的一角——红领巾的颜色。

主持1：有一种光荣，多少年想起还令我激动不已，那是戴上红领巾的光荣。

主持2：亲爱的一年级新队员们，当你戴上红领巾的这一刻，你已经正式加入了中国少年先锋队，成为一名光荣的少先队员，我为你们骄傲……

四、新队员宣誓

教师：请辅导员×老师带领全校同学重温入队誓词，出旗手、护旗手就位。

大队辅导：请全体起立，我们集结在火红的队旗下庄严宣誓，请全校同学举起右手。

我是中国少年先锋队队员。我在队旗下宣誓：我热爱中国共产党，热爱祖国，热爱人民，好好学习，好好锻炼，准备着：为共产主义事业贡献力量！

领誓人：×老师。

宣誓人：（说出自己的名字）

请2~6年级同学全体坐下。

五、宣布新建中队名单、辅导员名单、发聘书

教师：请××校长宣布新建中队、新任辅导员并颁发聘书。

×校长：现在我宣布新建中队。

音乐《红领巾飘起来》

1（1）乐学中队、1（2）暖阳中队、1（3）三叶草中队、1（4）水滴中队、1（5）中队、1（6）小青竹中队成立。

老师：下面有请为新建中队授旗。

（音乐《强国少年》）

×校长：现在我宣布新建中队辅导员——

1（1）中队××、1（2）中队王××、1（3）中队××、1（4）班××、1（5）班××、1（6）中队××。请×××为新聘辅导员发聘书。

音乐《生长吧》

六、校长送祝福

主持1：戴上红领巾，是一种光荣。

主持2：一种使命，更是一种责任。

主持1：请牢记，有一个光荣的名字——少先队员。

主持2：请××校长送上美好的祝福，让我们掌声有请×校长。

（纯音乐《那些花儿》）

七、舞蹈《共产主义接班人》

（略）

八、全校高年级各中队《拉歌祝贺》

主持：谢谢×校长的鼓励，争做新时代好少年！
　　　请新队员退场。

主持1：队员们，让我们牢记《星星火炬》是队旗。

主持2：《中国少年先锋队》是队歌。

主持3：《红领巾》是标志。

主持4：好好学习，天天向上。

主持1：星星在闪烁、火炬在燃烧。

主持2：我们来歌颂、我们来歌唱。

教师：各年级拉歌表演——祝福新队员加入中国少年先锋队贺入队。

致敬中国共产党100年、高举队旗跟党走。

高年级：拉歌活动现在开始！

二年级队员全体起立，用优美的诗歌、动听的歌声一起为新队员祝福。

九、退旗、奏乐、敬礼

主持1：全校同学听我口令——全体起立。

主持1：队员们让我们牢记星星火炬是我们的队旗，红领巾是我们的标志。

主持2：队员们，好好学习，天天向上，勇敢追梦，时刻准备着！

教师：让我们齐声高唱《没有共产党就没有新中国》，为中国共产党100周年诞辰献礼。

教师：请辅导员×老师代领同学们呼号、请旗手准备退旗。

辅导员：请让我们记住这个温馨让我们熟悉的称号——少先队，请我们一起为他呼号！

辅导员：呼号！准备着，为共产主义事业而奋斗！（时刻准备着）

退旗、奏乐、敬队礼。

（播放《退旗曲》）

主持1："××××"到此结束，请队员有序退场。

强国有我，少年加油

2021 届毕业典礼

暖场音乐：青春纪念册、少年等

一、歌曲《强国一代有我在》

教师 1：亲爱的老师们、同学们、家长朋友们，晚上好！

教师 2：这里是少城小学 2021 届毕业典礼，今年我们毕业典礼的主题是——

教师（齐）：《强国有我，少年加油》。

教师 1：在这里我们共同祝愿 2021 毕业班同学——

教师（齐）：前程似锦。

教师 2：成都市少城小学 2021 届毕业典礼现在开始！有请主持人闪亮登场。

6（1）班：感恩与离别永远是毕业典礼永恒的主题。

6（2）班：今年的离别中我们多了一份温馨而幸福的期待。

6（3）班：距离 7 月 1 日中国共产党建党 100 周年纪念日还有 7 天。

6（4）班：中国共产党历经百年风雨依然风华正茂。

教师 1、师 2：少年强则国强，少年加油。

教生（齐）：强国一代有我在，少年加油！

为理想而奋斗、与祖国共成功。

老师1：让我们共唱《强国一代有我在》。

音乐《强国一代我有我在》

二、献给母校的诗《毕业·离》

学生（齐）：六年的时光匆匆而过，转眼我们即将毕业。

6（1）班：是否记得昨天的惆怅与希望、泪水与欢笑。

6（2）班：是否记得昨天的日记和同桌的你。

6（3）班：是否记得黑板上的笔记和角落里的书。

6（4）班：是否记得操场上挥洒汗水的伙伴。

6（5）班：是否记得可口的饭菜。

学生（齐）：是的，我们都会记得少城的一切。

6（1）班：在离别的时刻毕业班的同学们有千言万语需要表达。

献给母校一首深情的诗——《毕业·离》

（诗朗诵音乐《钢琴》）

三、赠言、寄语

1. 校长临别赠言

教师1：在少城成长的两千多个日子里。

教师2：丰满了童年，雕琢了记忆。

6（1）班：忘不了我们第一次戴上红领巾的兴奋。

6（2）班：忘不了我们第一次参加国旗下讲话的期待。

6（3）班：忘不了我们每一次在公开课上互动的快乐。

6（4）班：忘不了我们每一次在集体上咧嘴的傻笑……

6（1）班：在我们就要离别少小的时刻，敬爱的校长有话对我们说。

（播音乐《钢琴曲》）

2. 献花，班主任、副班任寄语

教师 1：最后一个夏天，我们就要说再见。

教师 2：最后一个夜晚，我们就要说再见。

6（1）班：感恩母校、感恩师长。

6（2）班：一束束献花献给我敬爱的老师。

6（3）班：我们今天的成绩离不开老师默默地付出。

6（4）班：时此刻，我们的心情非常激动。

学生（齐）：永远怀揣一颗感恩的心！

6（2）班：有请我们最爱的老师们闪亮登场。

（播音乐《钢琴曲》）

班主任、副班主寄语。

四、校长颁发毕业证

教师 1：乘风破浪吧，少城少年。

教师 2：2021 年 6 月 24 日的霞光，

教师 1：因 2021 届毕业生的身影更加明亮。

教师 2：请×校长颁发毕业证，一起见证你们成长中的重要时刻。

（上台音乐：《青春纪念册》）

（播毕业证音乐《最后一个夏天》《栀子花开》）

校长们走到孩子们身边发毕业证（拥抱、握手、说谢谢）。

教师 1：再见了，我最亲爱的孩子们！老师永远爱你们、祝福你们——

教师 2：飞翔吧，少年，愿你们永远健康、快乐，早日成为栋梁。

教师 1：让我们最后一次握紧你的手、温暖的拥抱在一次。

教师 2：2021 届毕业班孩子们，再见、再见！

五、感恩父母——歌曲《爸妈谢谢你》、看家长亲笔信

6（1）班：爸爸谢谢你，我的依靠就是你，你让我无忧无虑哪怕路上多崎岖。

6（2）班：妈妈谢谢你，我的希望来自你，你教我追求真理，照顾我寸步不离。

6（3）班：感谢父母，爸、妈谢谢你。

6（4）班：感谢父母，爸、妈我爱你。

教师1：全体同学向左向右转！

教师2：同学们，走到自己父母身边吧，请家长将自己的亲笔信交到孩子的手中，送上你的祝福。

（音乐：《爸妈谢谢你》《纪念》）

六、集体舞——校园华尔兹

教师1：少城，见证了2021届学子从童年到青春少年的成长岁月！

教师2：青春正当时，归来仍少年！

教师1：华尔兹舞轻盈华丽、优雅浪漫，深受广大民众喜爱，优雅的华尔兹是体育舞蹈中历史最悠久，从头美到尾！

教师2：今天我们把它带进了校园，培养同学们绅士和淑女风度，跳的是意境，绅士和包容！下面请欣赏全体毕业班为大家带来"校园华尔兹"。

（音乐：《华尔兹》）

七、歌舞《送别》

教师1：亲爱的同学们，让我们一起唱响歌曲《送别》——

教师2：唱着这首歌告别母校、老师，挥手童年，惜别母校！

（音乐：合唱《送别》，毕业班老师领唱）

结束。

教师1：亲爱的同学们，2021届毕业典礼到这里就要结束了。

教师2：不忘来时路，方知向何行。

6（1）班：百年承载我担当。

6（2）班：百年传承我接力。

6（3）班：我们都是接力人。

6（4）班：新时代、新少年。

教师1：少年加油，勇敢去创，下个百年，是你们的天地！

教师2：少年有为，奋斗无悔，强国有我，共创美好的未来。

学生（齐）：再见了母校、再见了老师、再见了同学。

教师（齐）：青春正当时，归来仍少年。

学生（齐）：时光不老，我们不散

教师1：让我们再次重温这句话——

全体（齐）：少年强则国强，

少年智则国智，

吾辈自强，

祖国富强。

教师2：无论你将走向哪里，希望你都能怀揣少年强国梦，勇往直前，蓬勃生长。

教师（齐）：同学们，再见！以梦为马，追光前行。

少先队大型情景剧《星火传承路 心系红领巾》

2021 精彩亮相成都市第八次少代会

第一幕　引子

【诗朗诵】

教师：有一首歌，唱了 72 年，依然气势磅礴。

学生 1：有一种口号，高呼了 72 年，依然激情澎湃。

学生 2：有一个队伍，走过了 72 年的岁月依然朝气蓬勃。

学生（齐）：那就是我们的少先队组织。

教师：队员们，戴上红领巾，是否想过少先队曾走过怎样一条光荣的道路？

（师生互动点头）

学生 1：在祖国漫长的革命征途中，有过我们的脚印。

学生 2：在宏伟壮丽的革命历史画廊里，有着少先队的光辉历程（手指向舞蹈，下场）。

第二幕　安源儿童团、劳动童子团

【情景剧】

背景：1922 年，在湖南江西边界的安源矿区，创建了第一个少年儿童革命组织——安源儿童团。从此，在党的直接领导下，少年儿童运动就蓬勃开展了起来。

教师：过来你们看，这是一根手指，很容易就掰断，加入我们，把五根手指紧紧地握在一起别人就奈你不何，这就是团结的力量。

演：7个安源儿童团望着周老师。

教师：来孩子们。

安源1：我宣誓。

【我宣誓】

学生1：第一，我志愿加入安源儿童团，

一要诚实不虚假，

二要出力尽忠，

三要帮扶他人……

【枪声】

老师听枪响后倒下。学生呼唤：×老师、×老师、×老师……

剧情1：他们的任务是学习文化。

剧情2：学习政治。

剧情3：进行操练。

一条红领带成为他们的标志。团员们喊出了自己的口号：

准备着打倒帝国主义！准备着打倒帝国主义！

准备着打倒军阀！准备着打倒军阀！准备着做全世界的小主人！

第三幕　第二次国内革命战争时期

【舞蹈：共产儿童团】

教师：第二次国内革命战争时期，我国革命儿童组织将共产主义儿童团简称"共产儿童团"，它的任务是团结一切劳苦儿童到革命队伍中来，学习做革命的接班人。我们都是共产儿童团，团员们，让我们操练起来吧！

舞蹈：共产儿童团。

师：他们的标志也是系一条红领带，团礼是五指并拢高举过头（示范），呼号是时刻准备着。

第四幕　抗日儿童团的成立

【2个情景剧】

教师：1937年，抗日战争全面爆发，中国共产党倡导建立全民统一战线，广大少年儿童也积极投入抗日救亡运动，成立了抗日儿童团。

情景剧一：晋察冀边区抗日儿童团。

（一群儿童团团员聚在一起开展"五不运动"）

学生1：从现在开始，我们要做到"五个不"。

学生2：快！说来听听！

学生3：一、不上鬼子学；二、不听鬼子话；三、不吃鬼子糖；四、不给鬼子带路；五、不告诉鬼子实话。

学生4：对！绝不让鬼子得逞！

情景剧二：陕甘宁边区儿童团。

（参加力所能及劳动，投入热火朝天的大生产运动；组织识字组、积极扫除文盲。）

学生5：别看我们年龄小，劳动生产样样好，今天我们就要协助村长支援大生产。

学生6：我，让我去！我带领我们小组去挖沙、修堤。

学生7：那谁去带领大家识字？

学生8：那让我们小组去吧。我们给前线战士送去了慰问品，我还把二娃他们留在战地照顾受伤的八路军战士呢！

学生9：行了，你们辛苦了，今天就好好休整，明天我们还请了八路军战士来组织我们军事训练呢。

学生 10：我们这组今天要站岗放哨，还得送信呢。就你们组去吧！（对甲说）

师生（齐）：抗日儿童团的口号——"时刻准备着！时刻准备着！"

第五幕　报童进卫军

【说、唱、演】

教师：三年解放战争时期，我国革命儿童的组织在抗日儿童团的基础上又有了很大的发展。

学生 1：是的，不仅在解放区建立了儿童团，在敌人心脏还建立了地下少先队。

学生 2：报童进卫军就出现了！

表演唱调跳（2 人）："啦啦啦，啦啦啦，我是卖报的小行家，不等天明去等卖报，一边走，一边叫，今天的新闻真正好，七个铜板就买两份报。

3 人向不同方向卖报吆喝：先生要份报纸吧……

教师 1、教师 2：报童，来份报纸，有什么报？

学生：有《新华日报》。

教师：来一份吧！

学生：好勒，给！

教师：（兴奋的说）中华人民共和国成立了！

（两个报童先聆听、再欢呼）

教师：1953 年中国少年儿童队改名为"中国少年先锋队"。

学生（齐）：听！《中国少年儿童队队歌》（画外音：稍息、立正、挥舞队旗）

全体学生齐唱、表演队歌第一段。

第六幕　升　华

【诗朗诵】

教师1：72年前，少先队员有了自己的组织。

教师2：72年后的今天，我们为她欢呼，为她呐喊。

教师1：翻开历史，忘不了劳动童子团的英勇顽强。

教师2：审视现在，骄傲着中国先锋队的风雨历程。

学生1：我们是新时代少年。

学生2：用激情拥抱时代。

学生3：我们是初升的太阳。

学生4：用奋斗点燃新时代。

教师1：我们骄傲，骄傲祖国的日新月异。

教师2：我们自豪，自豪社会的欣欣向荣。

主持（齐）：我们是新时代红领巾。

全体（齐）：少年红，中国红。

主持（齐）：我们是新时代接班人。

全体（齐）：争做新时代好队员。

教师1：时刻听党话、永远跟党走。

教师2：红领巾，准备好了？

全体（齐）：准备好了！

教师2：红领巾，有没有信心？

全体：请党放心、强国有我。

呼号：准备着，为共产主义事业而奋斗！（时刻准备着）

第四编　获奖或发表论文

为学生

扣好第一粒『美德纽扣』

写好字 做好人

王 婉

摘要：汉字是中华文化的根，是中华文明赖以传承和立于世界民族之林的最重要载体。著名文学家郭沫若说过："培养中小学生写好字，不一定人人都成为书法家，总得把字写得合乎规范，比较端正，干净，容易认，这样养成习惯有好处，能够使人细心、容易集中意志，善于体贴人。草草了事，粗枝大叶，独断专横，最容易误事。练习写字可以免除这些毛病。"足以见到书法的意义。

随着新课改的不断推进和深化，少城小学把差异发展，特色办学，作为立校之本，兴校之源。在地域特色及学校文化发展基础之上，以书法教育为抓手，把德育中的自律与他律的要求，和书法教育中的和谐、揖让、进退等规则结合起来，让孩子们在习字、练字的过程中触摸到善良、包容、自律、诚信的道德价值观。

关键字：书法校园、校本课程《写字课》、书法活动、多元评价

一、着力特色，构建书法校园

1. 育人环境

整洁、优雅、舒适的教育环境是育人的一个重要途径，为了给学生营造一个具有浓郁书法氛围的校园环境，学校在校园内修起了拓碑台、汉字文化柱、校园文化墙。遵从学生爱动手、爱探究的特点，在校园中增加学生与书法活动接触的平台和空间，如在教学楼中搭起汉字笔画元素构成的开放式书架，摆放上学生练字的水写台、水写帖、毛笔、笔架；在每层教学楼中展示历代书法名家的作品和生平介绍，以及学生自己优秀的书法作品等。

2. 名言警句

将汉字的各种字体，采用中国特有的卷轴的形式呈现，既美化了校园，又让学生在潜移默化中警示自己；三个小厅里以笔画为造型的漂流书屋，在这里，孩子们可以以书为伴，享受开放式阅读的快乐；绿荫长廊的八个"汉字演变"橱窗，让孩子们感受着汉字之美；教学楼"说普通话、写规范字、做文明人"的醒目标语是对同学的要求与期望；每个班级开辟了一个"小小书法家"文化园地，孩子们优秀写字作品张贴其中，树立榜样。校园的任何角落都被"写字教育"的氛围包围着，孩子们在此环境中受到了良好的熏陶，在写字中学习着怎样做人。

在"奠基真善美的品质人生"的办学理念下，少城小学对校园文化进行了全方位的打造，呈现出"无处不彰显写字特色，无处不宣扬写字教育"的良好氛围和风貌，赢得了广大家长和社会的一致好评。

二、校本课程，捕捉书法精髓

1. 课程建设

课程建设是学校发展的核心竞争力，学校按照"试点开发—完善修正—全面实施"的步骤进行推进，在常规的学科课程建设中积极开发书法特色的价值，发挥其独特的魅力。例如，在语文学科中开展了汉字文化的研究，在美术课程中开展书法历史的学习。同时开设了专门的书法教育课程《写字课》作为学校的校本课程，为全校每班级每周设置一节写字课，并组织学校老师研发了独特的写字课教材，融合了地方文化特色和书法发展的历史，采用儿童喜闻乐见的方式和方法，增加了学生学习的趣味性。并融入了学生习字的故事和价值观的故事，将"写字"与"做人"两者巧妙而又紧密的相互联系、渗透，使学生在练字的过程中感悟做人的道理。

2. 特色文化

特色文化浸润是一个循序渐进的过程，从书法文化的专业学科、重点学科开始，渐渐渗透各学科中，书香、墨香氤氲出了良好的文化氛围，让孩子们在这浓厚氛围里充分浸润。

三、多彩活动，发掘书法智慧

1. 书法特色建设

书法特色建设的根本还是要落实到学生的发展上去，通过丰富多彩的书法教学活动让孩子们爱上书法，在特色活动中获得不一样的快乐。这也是我们开展书法教学活动的积极取向。

2. 写字小状元

"写字小状元"活动，提醒学生写字是伴随我们每时每刻的良好品德。"写字小明星"比赛，让孩子们在一笔一画之中感悟更多传统文化的魅力。"书法作品赏析活动"让同学们了解到汉字是中国的"第五大发明"。每年还不定期地开展特色"书法节"。在"书法节"上，我们邀请到书法专家和校长、老师、学生们一起挥毫泼墨，分享学习书法的乐趣，展示平时练字的成果。

3. 书法社团、书法教室

学校还开设了书法社团，设立了书法教室，同时利用社区资源，将学生的优秀作品在社区内公开展览，组织学生家长和社区群众进行观摩，以此为平台和纽带，让孩子们得到更多的肯定和认同。

此外，结合青羊区"慧心""慧行""慧德"的智慧教育体系，学校积极参与实践，寻求书法教学与智慧教育的合力点，利用地域优势将书法教学放进宽窄巷子，在社区画院开设书法课堂，在智慧中构建书法，在书法中彰显德育。

四、多元评价，激励书法人才

为了使学校的书法教育制度化、规范化，我们还将写字作为学生素质考评的一项内容，纳入《少城小学学生综合素质评价手册》中来，制定出了一套完整的写字评优方案，对学生写字进行多元评价，例如，在新星少年评选"五星"的基础上增设——写字星、书法星；对写字比赛获过奖、认真写字帖、作业字迹工整的学生进行加分，计入期末评优。目的是让孩子们把汉字写得正确、端正、整洁、美观，培养学生一丝不苟、持之以恒的品质，以及热爱学习、务实求美的良好素养。

同时，为了实现对书法评价内容的全面性与动态化，我们还将写字姿势，书写习惯和写字技能三者有机地纳入书法教育评价的内容和过程中来，使写字评价标准层次化，评价主体的互动化，评价方式的多样化和情感化。

书法评价与书写质量两者相互促进，既有利于提高学生的书写水平，又有利于学校构建完善的书法评价体系。同时，通过正面激励，让孩子们的发展得到了更加全面的教育与关注，让学校的书法教育贯彻德育，深入人心。

书有品，字有品，人贵品。我们希望通过写字教育的文化滋养和熏陶，培养学生良好的书写兴趣、书写习惯，在写字的过程中陶冶性情、锤炼意志、完善人品，帮助学生树立正确的人生观、是非观、艺术观，推进书法教学及其他学科向纵深发展。

该文在四川省教育厅《教育科学论坛》发表

综合评价——让核心素养落地

陈　燕　青羊区特级教师

　　摘要：对核心素养的研究是教育改革中的重点领域，有利于落实立德树人、全面发展的教育方针，也与高考改革的重点内容相互关联，从小学开始，研究基于核心素养发展的评价方式变革，对学生的长远发展具有重要的意义。评价改革作为教育改革中的硬骨头，其本身面临三大挑战。

　　一是体系问题。建立起一套基于事实的综合素养评价体系，以得到广大学生家长的认可和接受，而且能为学生健康及其全面发展切实发挥重要的参考作用。二是操作问题。摸索出一套便于操作、使用的记录方式，能更全面、全程地反映出学生的成长轨迹，是否能事半功倍，是否能长期坚持，都关系到评价实施的成败。三是反馈问题。建立有效的反馈机制，对相关评价指标进行调整，从而获得更精准的评价效果，成为科学的评价依据。

　　面对挑战，我们在探究综合素养评价方面以核心素养的培养为目标，将质性评价与量化评价相结合，表现性评价与终结性评价相结合，开展了一些有益的探索。

　　关键词：核心素养　综合素养　评价体系　评价反馈

一、建设综合素养指标体系

维度	观测点	程度		说明
强身健体	体育品格 健身习惯 特长项目	优秀 合格	良好 待努力	与健康检测标准结合
品格成长	文明礼貌 卫生习惯 言行得体	优秀 合格	良好 待努力	与品格教育的评价标准相关
艺术审美	兴趣 创造与表现 技能与欣赏	优秀 合格	良好 待努力	与学生艺术审美评测结合
学业表现	学科特长 课堂表达 均衡度	优秀 合格	良好 待努力	与学生期末测试成绩结合
社会实践	参与度 责任心 团结合作	优秀 合格	良好 待努力	以学生参与社会实践次数为参考
科技创新	科技活动 科学精神 创新能力	优秀 合格	良好 待努力	以学生提供材料证明参与科技创新活动为参考
人文底蕴	阅读能力 公益环保	优秀 合格	良好 待努力	以学生参与相关活动的成效为参考
责任担当	国家意识 文化自信 政治认同	优秀 合格	良好 待努力	学生参与爱国主义教育活动及日常表现为参考。

二、设计多元互动的操作流程

（1）自我描述：各班在开展评价时可由学生进行自我描述

性评价，字数不限，尽可能展示出学生各方面发展的成效。

（2）档案袋评价：将学生的各类获奖证明、作业状况、课堂表现、集体活动等作品汇聚为学生成长档案，作为学生各类指标测评的参考。

（3）组内互评：学生非学业因素方面的测评主要以组内互评为基本参考，各班根据实际情况制定相应标准，由小组评出达标情况。

（4）教师评价：教师根据学生学期学习状况给予每个学生学业评价，以等级方式反馈。

（5）家庭评价：将一些学生的行为习惯的指标与家庭表现结合起来，由家长共同反馈，描画在雷达图上。（附部分学生素养发展图）

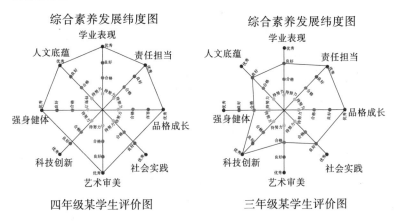

四年级某学生评价图　　　三年级某学生评价图

通过多元评价过程可以让学生作为评价主体之一参与其中，对形成的最后结论有着更加清楚的认识，对发展不均衡的区域有着更深刻的认识，逐步树立起为自己对学习负责的责任心，并能不断明确目标，积极扬长补短。

三、建立积极科学的反馈机制

教育评价的意义不仅仅在于鉴别和区分，更重要的是反馈与引导，建立好积极的良性的反馈机制，才能让评价发挥其应有的功能。在学习系统中，反馈是十分重要的调节机制，可以作为教师因材施教的参考，也是学校科学管理的依据之一，也是家庭与学校进行沟通的桥梁，所以督促、引导家长配合，与学生共同完成评价反馈，也是综合素养评价实施中的重要环节。

（1）亲子共同分析：家长带领学生共同绘制雷达图以后，根据图中的表现分析出一学期发展中的优点和弱点，实现学生的自我认同和自我对照，并根据现实表现简单地列出激励清单和负面清单。

（2）制定发展计划：根据现有情况，并对照综合素养评价的维度，学生要制定出下一学年度的发展计划，以扬长补短的基本原则引领自身发展潜能，提升全面素养。

（3）建立长期档案：学校和家庭都要为每位学生建立长期发展的档案，根据学生拟订的发展计划，在学期末进行对照分析，对各项进步都予以正确评价，以鼓励学生的坚持和自律，在不断的完善中记录成长足迹，成为更优秀的自己。教师也可以根据学生的反馈，分学段调整各项指标的权重，让家长和学生在逐步适应的过程中逐渐达成共识，形成更为明确的育人目标。

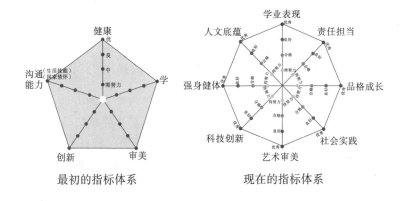

最初的指标体系   现在的指标体系

四、主要认识

1. 创新课程建设，提升评价载体

根据核心素养的培养目标而选择的教育内容及其进程的总和，要同时回答如何促进学生个性发展和全面发展的问题，在促进了关键目标发展的同时，又要让学生实现个性成长，还要给予学生完成的知识体系和生活。学校以评价为导引，旗帜鲜明地将品格发展、学生特长、身心健康等个性化的发展目标引入综合评价体系，并根据学校课程、活动的开设情况实事求是地开展相应的评价，促进了学校课程建设方面的力度和进度。学校除了开展管乐课、书法课、3D 打印设计、足球课、国学课、智能机器人课等选修课以外，还利用学生课外时间开设武术、围棋、篮球、羽毛球等多项可选择的课程，培养学生发展的更多可能性。

除了更多的分类课程，"合"也让学生能力培养更全面，从2016 年开始，学校借助社区优势开展"博物馆学习日"，借助社区场馆优势，带领学生进行主题学习，探究跨学科的学习方式与内容，挖掘学科资源，提升学生思维能力与社会实践能力，如探究成都形成的历史、蜀锦发展的历史、皮影发展的历史等等，为学科整合提供学习的素材和平台，培养学生处理复杂信息的能力，提升学生的社会人文素养和认知水平。

（二）建立全面评价指标，丰富评价内涵

北师大版发布的核心素养指标共包含六个大的方面，指向成为一个完整的人的各个方面，结合核心素养要求以及学校实际情况的评价指标，直接体现的是学校教育理念和目标的达成。在指标体系的建设中，既要有近期目标，也要有长期目标，在现有的以学业成绩为主的体系中，多以近期目标为主，讨论的就是学生书面学习能力，而品格发展、家国情怀、创新能力、身心健康等指标也是需要长期坚持、不断发展的核心指标，将其融入现在的指标体系中，才能更好地引领家长孩子身心发展的全面关注，以期达成长远的目标。

（三）健全反馈机制，完善评价环节

评价指标建设是一个过程，而且应该是总体稳定、局部调整的动态过程，评价的方向是行动的方向，一定要实事求是，根据具体情况和各项反馈做出应有的判断，发挥好系统调控的主要作用和积极功能，通过反馈情况调整短期目标和指向长期目标，在长远的发展进程中，形成更加稳定、包容、兼顾的指标体系。

比如在综合评价实施的开端，家长可能习惯关注学生学业表现，可以在学业指标呈现中增加一些内容，或者让其雷达图中呈现出更多内容；随着家长意识的提高，就可以适当减少其比例分配，将各项指标呈现得更加均衡。根据这一学年度学校重点建设的项目进行评价反馈后，更全面地呈现给家长，获得家长们的理解、支持，并以此为参照引领学生对照标准和要求找出不足，明确方向。

评价方式的变革同样会撬动教师的教育价值观和教学方式

的变化，在实施过程中，除了家校的反馈，还可以及时征集教师的反馈、意见和建议，形成对短期目标和长期目标的共识，从而让一线的教师在操作过程中既不观望等待，也不操之过急，让真正的综合评价落到实处。

该文收入《成都市未成年人思想道德建设工作优秀创新案例汇编》

建立"道德银行——品德成长记录"
做精神世界的富翁

濯锦水畔，少城腹地，一群孩子在有着近 90 年历史的青青校园成长着。一笔一画写好字，一生一世学做人，开展社会主义核心价值观教育，积极引导少城小学学子"做一个有道德的人"，孩子们在书籍的滋养、墨香的氤氲下，形成了好好读书、好好写字、好好做事、好好做人的风气。

道德理念：

"天道酬勤""厚德载物"。一分耕耘，一分收获，重视品德，像大地一样能容万物。

"真、善、美"。培养具有"真、善、美高尚品质的有道德的人"。

"己所不欲，勿施于人"。自己不想要的东西，切勿强加给别人。

"己欲立而立人，己欲达而达人"。宽恕待人，有仁爱之心，做一个善良的人。

"勿以恶小而为之，勿以善小而不为"。为人做事，就应该从身边的小事做起。

摘要： 为培育和践行社会主义核心价值观，道德价值的作用不容忽视。国无德不兴，人无德不立。一个人能不能把握自己，很大程度上取决于道德价值，要继承和弘扬传统美德，加强社会公德、家庭美德、个人品德。通过"道德卡（品德成长记录）"为载体，激励同学们崇德、向善，过讲道德、尊道德、守道德的生活，促使一代代少城小学学子追求美好崇高的道德境界，我们的民族就永远充满希望。

少城小学坐落在成都市少城腹地，紧临"成都第一会客厅"宽窄巷子，依托此资源优势，把教育的落点放在真、善、美的教育，以"做成都第一会客厅小主人"主题，把少城娃娃培养成为少城小学、宽窄巷子流动的优质名片为目标，围绕未成年人思想道德建设核心，倡导学生从我做起、从身边的事情做起、从一点一滴做起，促进他们养成良好习惯，做一个合格的小公民，使少城孩子成为具有"真、善、美高尚品质的有道德的人"。

随着基础教育课程改革的不断深入，学生的人格需求和个性发展呼唤尊重和关注，传统的被管理受监督的地位正在动摇；学生接受知识的方式日益多元化、活动范围日益扩大，传统的一元化封闭式教育方式已被打破，面对新课程改革带来的挑战，学校主动出击，在德育内容、过程、评价、途径等方面进行了探索，力求使学校德育工作更有实效性。

关键字：多元评价　道德卡　品德成长记录册　综合素养发展维度图

一、建立"少小道德银行"，让学生成为精神世界的富翁

1. 改革评价制度，实行多元评价

为了给未成年人的健康成长创造了更加有利教育，让学生健康的成长，我们建立了少城小学"道德银行"，设计了"储蓄卡"，发给每位同学进行"储蓄"活动。"道德银行"更加贴近

学生实际，采用在"储蓄卡"加分的形式，一改往日对学生评价单一性。我们先将学生在学校、家庭和社会中养成的优秀的品德（例如，爱祖国、爱家乡、爱学校、爱集体、爱父母、爱他人的行为、懂得感恩、好人好事、热心为同学们服务、拾金不昧的行为、热爱劳动、革除改掉的陋习等）换算为分值，存进卡里，基础分是200分。我们还改变了以往注重学生在校具体表现的局限，激活学生主体能动作用，在"道德银行""储蓄卡"评价内容里体现了多元化、主体化、个性化、可持续性的特点。"道德银行""储蓄卡"扩大了正面评价的范围，每周对表现良好没有扣分的学生在"储蓄卡"里存入分值，对在品德方面有进步和表现突出的学生，教师、同学、家长将继续给他存入分值，对学生多了表扬、鼓励，少了批评和指责。当然对一些学生的不良行为也在卡里支出，警示自己改正，但给了学生改正的机会。另外，我们还设了加分项目，对学生比赛获奖、热心参加活动、文章和活动被新闻媒体报道在"道德银行"里进行加分，倡导爱学校、爱集体、积极参加学校活动。这种方式形成了一定的量化德育评比新机制，促进了学生道德意识的增强、行为习惯的养成和形成了良好的品德。

（1）"道德银行""储蓄卡"。

采用教师评、家长评、同学互评、社区共同评价的方式，注重对学生行为习惯和道德素质的连贯性培养。每月我们对卡上分数最高的同学授予"十佳品德好"学生称号，并授予挂牌，树立榜样。在一学期结束后，凭此卡做为评选"新星少年"品德方面的依据；优秀者授予"礼仪之星""优秀少先队员""纪律之星"等荣誉称号；学校、班级、家长支付利息——精美的小奖品。一位学生说："我们可喜欢我们的'储蓄卡'了，它有各色的外壳、精美的内页和富有童趣的插画。我每天都随身带着它，时刻准备着往上面多存好品质，多积攒分数。"这种创新的评价机制，因他以人为本，贴近学生实际，深受学生喜爱。

国无德不兴，人无德不立。社会主义核心价值体系是兴国之魂，通过"道德银行——品德成长记录"引领少城小学学子积极学习并践行社会主义核心价值观，我们不断完善少城小学"道德银行"，修改了"储蓄卡"内容，根据青羊区评选"新星少年"的内容增加了争创——美德星、智多星、才艺星、体育星、才艺星，学校特色增加——书法星、阅读星。今年，为了培育和践行社会主义核心价值观，我们把内容完善为"道德银行——品德成长记录"，每周记录日常行为表现（学校篇）、日常行为表现（家庭篇）、家校直通车、家长留言、周行一善、可爱的Stiker奖章等内容，把道德融入同学们日常学生生活中，此卡更加贴近学生实际。这种方式形成了一定的量化德育评比新机制，促进了学生道德意识的增强和良好行为习惯的养成。

（2）品德成长记录册。

学生道德成长是一步一个脚印的，为了记录队员的成长过程，学校自主设计了"少城小学队员成长记录报告册"。内容涵盖：学业成绩、综合性奖励、单项奖励、特色评比、道德银行卡总金额、教师寄语、家长寄语、日常行为评价表（学校篇）、日常行为评价表（家长篇）、家校直通车、品格塑造美好人生、奖励"Sriker"奖章等，记录队员的成长过程，激励学生成长、成才。

2. 以五星级班级评比为激励手段，实行行之有效的班分制

学校积极开展《星级班级》争创活动，每周各班争创礼仪星★（红色）、学习星★（蓝色）、活动星★（黄色）、清洁星★（绿色）、规范星（紫色），每色星有具体的内容，礼仪星包括：晨检仪容、服饰规范、佩戴红领巾情况、文明礼貌、好人好事、课间休息。学习星包括：迟到、缺席情况、上课纪律、完成作业情况、取得成绩和荣誉（此项目教师评）。活动星包括：队会活动、平时创意活动、获奖和受表扬活动。清洁星包括：室内清洁、室外清洁、乱丢乱扔情况。规范星包括：升旗仪式、早

操、眼操、桌椅整齐、带口杯情况、剪指甲情况、离开教室关灯了没有、路队放学情况、有没有擅自离校买东西。每周校值日对各班进行检查评比，一周后评分。优秀班级获得一颗星加 2 分班分，目的是以最优的班风、班貌共筑美好的校风、浓厚的学风，革除陋习，养成良好的习惯全面提高学生的综合素质。

建立了一套完善的班分评比体系，对各班和学生的表现进行加分和扣分，鼓励争先。每月对各年级班分最高班级，学校将在升旗仪式上授予"金杯五星级班级"奖杯，制作精美的奖杯挂在各班五星级班级挂牌的上方，激励本班在各方面更加规范自己的言行，不断养成良好的习惯，使之形成良好的班风和学风，也为其他班级树立学习了榜样。

3. 不断改革学生评优方案

（1）新星少年评比。

新课改理念要以学生的发展为本，因此学校的评价改革关注每个学生，把过程性评价和终结性评价有机结合在一起，充分发挥学校和学生在评优中的主动性和积极性，为学生树立可亲可信可学的身边典型，激励学生不断进步。根据新机制"新星少年"评比的项目和条件，结合学校学生情况制定了细化评比标准。新标准更加具体，更加贴近学生的学习生活实际，便于操作。学校的评价项目不仅有对学生综合素质的评价，还有结合学生个性发展的单项评价，让每一位学生都能在评价中看到自己和同学的闪光点，找到自己身边的榜样。

（2）综合素养发展维度图。

在学校成绩基础上增加了品格、社会实践、艺术、体育锻炼内容用，连线画圆圈的方式了解自己综合素养发展情况、

（3）少城榜样。

奖励项目："优秀中队""优秀队干部""优秀少先队员""优秀升旗手""优秀校值日""环保小卫士""新星少年"（美德星、智多星、健康星、才艺星、启明星、礼仪星、守纪星、电

脑星、创新星、劳动星、爱校星、爱中队集体星）等。队员自己设计奖状，奖状具有鲜明的少先队"味儿"。

一张张天真灿烂的笑脸在活动中绽放，队员们在五彩缤纷的活动中锻炼成长，少城小学少先队以最崇高的敬礼表达对星星火炬事业最真挚的热爱！

实施效果：

德育是一道风景，是一道学校、家庭、社会全员参与、共同创造、协力维护的风景。在新形势下，我们以"道德银行""储蓄卡"为载体，抓住新课改的有利契机，形成了一定的量化德育评比新机制，促进了学生道德意识的增强、行为习惯的养成。

形成以学校教育为龙首，以家庭和社会为两翼的教育模式，构建学校、家庭、社会"三位一体"的德育网络，使学校的德育工作在良好的环境中健康、快速地发展，使少城孩子成为具有"真、善、美"高尚品质的人才，有理想学做人，有能力勤探究，有个性能发展，有情趣会生活。

启示：

鲁迅说："道德这事，必须普遍，人人应做，人人能做，又于自他两利，才有存在的价值。"人无德不立，国无德不兴。

少城小学把未成年人思想道德建设贯穿学校教育的全过程，创新的德育评价"争创新星少年'道德银行''储蓄卡'"将银行运作理念导入未成年学生的道德建设中，对学生具有很强的吸引力，受到同学们的欢迎，这种评价形式新颖，使道德规范具体化、形象化，同学们从具体小事做起，从不文明的行为改起，争当精神世界的富翁，逐步养成了良好的行为习惯，让这种倡导转化为人的自觉行动，这种方式形成了一定的量化德育评比新机制，促进了学生道德意识的增强、行为习惯的养成、形成了良好的品德。学期结束，金额高的同学可以评为"美德星"等，并作为担任队干部的优先人选，对于优秀者，学校、家长支付精美小礼物，这些小奖励非常受学生喜欢。

"道德银行""储蓄卡"不仅规范行为习惯，培养良好道德品质和文明行为，还不断改版，去年开始结合青羊区新星少年评比，不仅将"美德星"作为"储蓄资金"，还将"智多星""健康星""才艺星""启明星"纳入，特别值得肯定的是增加学校校本课程"写字星""阅读星"等内容，提高综合素质，促进未成年人的全面发展，少城小学道德卡设计精美、插图卡通、颜色鲜艳，携带方便，同学们爱不释手，"道德银行卡"记录、伴随孩子成长。

从实施效果来看，创新的"道德银行卡（品德成长册）"贴近实际、贴近生活、贴近孩子，是比较科学的德育效果考评体系，有明显的、系统的促进作用，把爱心奉献、好人好事与获评优奖励有机地结合，有助于建立"我为人人、人人为我"的社会互助体系和新型人际关系。

继承和弘扬传统美德，弘扬社会主义核心价值观。少城小学师生从身边小事做起，提高道德认识，陶冶道德情操；锻炼道德意志，坚定道德信念，提高道德修养。身体力行，自觉地做道德的实践者和捍卫者，做一个道德高尚的人。

该文在共青团中央《辅导员》、共青团四川省委《新生代》发表

新时代少先队活动改革创新初探

王　婉　党支部书记、成都市优秀德育工作者

摘要：深化少先队改革，少城红领巾集结号已经吹响！我校以"玩成天才不是梦"为主题鼓励队员自主创新少先队活动，让队员走出教室，融入校园、融入社区、融入生活；从个别尖子队员参与到全员参与；从体验游到研学游；从全面发展到个性释放，队员们成为自己最好的样子，惊艳了时光。

樱桃节、草莓节、蔬菜节、莲语池、蘑菇屋……红领巾广播站；红领巾微视频；红领巾机器人建模、航模、编程；红领巾3D创客工作室；红领巾阵地从川菜博物馆、三星堆，到邛崃红军长征纪念馆……少先队活动成为队员们的最爱。

关键词：阵地建设　活动构建　改革同行　家校联动　多元评价

濯锦水畔，少城腹地，这里，有一群可爱的少城少先队员在有着近90年历史的菁菁校园快乐成长，少城——"成都第一会客厅"，因为有了少城娃娃的欢笑而充满生机与灵气。

在"奠基真善美的品质人生"的办学理念下，以把少城小学少先队员培养成为"品格好，品德优，品行佳"的好少年为目标，以少儿有礼，以品为城（少城）为主题，提出"人人都是德育工作者，个个都是少先队辅导员"的行动理念，扎根在

每位老师自觉行动中，陪伴少城小学学子在行动中明理、在实践中锻炼，学会自己教育自己，成为全面发展的人。

少城小学作为四川省红旗大队、成都市优秀大队、成都市鼓号队甲级队，其少先队活动注重实践、注重自主参与，力戒空洞说教和形式主义，坚持开展少先队组织教育、自主教育、实践活动，紧扣时代脉搏，在星星火炬照耀下，点亮少城队员心中的梦想，走出了一条符合本校实际的"规范加特色"的新路，生动的队活动，让队员受益匪浅，让鲜艳的星星火炬旗帜更红、更美、更加壮丽。

一、阵地建设　魅力无限

1. 少先队组织结构健全

少城小学设有大队、中队、小队，一年一次少先队员代表会选举，小干部坚持轮换制，进行民主选举，成立大、中、小队，检查队会议事及队礼标准规范，领巾佩戴率达 100％，新任队长们都有着满满的工作热情；辅导员力量强，大队辅导为专职，中队设正、副辅导员，辅导员熟知少先队礼仪教育内容，重视少先队仪式规范。校外建立了一只辅导员队伍，例如，交警四大队的叔叔、宽巷子社区居委会的领导、邻居蜀风园的叔叔阿姨、省武警总队的优秀班长、学校家委会成员、辖区警察叔叔、少工委和少年宫的老师等，校外辅导员深受队员们的喜爱。

2. 少先队制度完善

大队主题队会一学期二次，少先队活动课中队活动列入课表每周一次，校队活动和综合实践经常，红领巾广播制度、小干部培训例会制度，每学期中队辅导员献主题队会，每学月主题活动鲜明、系统科学。

3. 少先队阵地建设齐全

学校设有少先队橱窗，明确大队委职责和使命，队室有新中国成立以来三代领导人对少先队的题词、标牌、队会、队歌、作风、呼号、誓词、校歌、光荣传统、校训等，大、中、小队旗，队鼓队号、队报、队干3职责，队员作品，红领巾广播站等，中队红领巾角趣味十足。

中国少年先锋队鼓号队是少先队的礼仪组织，是少先队基础建设的重要内容。学校鼓号队始建于1992年，是成都市甲级队，2016年2月学校重建鼓号队，经过选拔培训，闪亮亮相，为少城小学少先队扬威，扩大少先队的声势，展示队员积极向上的精神风貌。

学校重视少先队组织阵地建设和发挥社会力量的育人功能，形成了少先队工作齐抓共管的局面，实现了管理有序，为开展少先队活动奠定了强有力的基础。

二、活动建构　自主成长

有一位教育家曾说过："活动是育人的渠道，没有活动也就没有教育。"少城少先队结合队员的心理和兴趣爱好，寓教育于活动之中，建构起了一个开放灵活的活动体系，结合了学生核心素养的培养目标，开展了多种层次、主题鲜明的活动。

1. 常规活动

少先队活动仪式规范，内容新颖。少先队入队：以队徽造型的入队申请书有特色，试戴红领巾，红领巾"戴言人"，入队前做一件好事，环境营造等，入队仪式庄严神圣规范，新生全童入队，由友谊班5年级各中队利用队会课的实践培训队知识。少先队毕业典礼："再见，再见""感恩母校，载梦起航""童年不散场""我们从这里起航"。少先队开学典礼：新同学走"走进智慧之门"红地毯，拍摄第一张全家福（学生、班主任、家长），"铭记历史　珍爱和平"纪念抗战胜利70年红军入川80

年，"唱国歌、爱中华""寻找身边的美丽""为了梦想时刻准备着"用自律迎接全新的自己，"做最美的自己"开学典礼，"集五福"做自己的英雄。大队主题活动："红领巾相约中国梦好少年携手奔小康""精囊献计，情暖蓉城""义卖手工作品和玩具，牵手公益过六一"、四川省妇女儿童公益嘉年华、"烈士纪念日——十二桥烈士墓祭扫活动"等。

2. 传统活动

重视传统节日，春节、元宵节、清明节、端午节、重阳节等，挖掘节日文化内涵和教育意义，结合队员认知规律、年龄特点和实际需要，组织队员进行"节日小报"创作和主题队会，发动学生通过报纸、电子杂志、博客、网页、微信等了解传统节日，让传统节日的精神深入童心。

三、星星火炬 改革同行

队歌在改革开放的旋律中唱响。队旗在改革开放春风中挥舞，队礼在改革开放的变迁中致敬改革开放，少城学期集结在星星火炬的旗帜下，追逐心中的梦想。

1. "好玩的少先队 玩成天才不是梦"

鼓励队员创新，自主设计、自己组织、自己实施了系列特色活动："草莓节""樱桃节""竹筒蔬菜墙""'美在身边'摄影花卉展""垃圾不落地、袋我出发"等，这些少先队活动发挥了队员的智慧、创造力，让队员真正"活"起来、"动"起来，成为少先队活动的主人，成立了"3D打印创客""机器人建模、航模""遥控无人飞行器"工作室，在创新中感受快乐，在快乐中放飞梦想，好玩的活动课成为孩子们的最爱，一代少年儿童在星星火炬的旗帜下全面发展。

不扫银杏叶，在满地金黄的树下嬉戏、摆图形、玩雨伞抛银杏叶……

搭建蘑菇屋，像蓝精灵一样和小蘑菇快乐成长……

种植莲花，养金鱼、养乌龟、观察它们的生长……

2. 新时代少先队活动

未来已来，高科技的时代已经到来，新时代，属少年，用创新创造打造。

新时代少年风采，追梦的舞台有你有我更精彩！

新时代，带领队员走进中央电视台《看我72变》创意节目，队员们奇思妙想，在短短3分钟的舞蹈里实现了4次变装，赢得了冠军的奖杯。

新时代，带领队员走进社区，为2018年国家网络安全叫好。

新时代，带领队员参加世界环球日创意比赛；承办澳大利亚社区画展，学习捷克语歌曲，在成都捷克文化周中精彩亮相；组织蓉港象棋友谊赛，感受中国象棋的魅力……

新时代，带领队员用微信、微博、抖音等新媒体弘扬时代的主旋律。

四、社区活动　家校联动

1. 社区活动

在全面推进实施素质教育的今天，培养队员多方面的能力，以适应现代社会对人才全面发展的要求是我们的责任。能力培养仅靠辅导员的空洞说教很难奏效，让队员参与实践，亲身感受获得的道理才是最深刻的。学校的舞台毕竟有限，因此，大队部倡议队员们利用假日依托社区开展五彩斑斓的活动，让队员在广阔的天地里练翼飞翔，队员们在活动中投入了极大的热情，如同插上翅膀的小鸟，用自己一颗颗稚嫩的童心，向社会展示了一道道亮丽的风景线。社区少先队活动与学校少先队活动扮演了不同的角色，学校少先队重在培养少先队员共性的东西，社区少先队重在培养少先队员个性的东西。社区少先队是队员们成长嬉戏的乐园和实践创新的天地，是队员们喜欢的另一个家。

宽窄巷子社区的广阔天地蕴藏着丰富的教育资源，这是学校少先队工作的一大优势，学校充分利用社区的教育资源，依托宽巷子、商业街社区，"雏鹰假日小队"大放异彩，红领巾飘扬在社区，把宽窄巷子作为开放的大课堂，开展"宽窄之间大课堂'传承　生长　绽放'"体验开放式课堂活动，学雷锋"社会需要热心肠　你有困难我来帮"活动，"美丽成都　美好生活"少先队绿色环保在行动，"开放，让生活充满阳光""美在身边"摄影书法展等少先队开放活动。活动吸引了众多队员、家长、市民玩在其中，乐在其中，培养了队员们的能力、锻炼了队员的才干，活动还引起了各大媒体的广泛关注，各大报社、电视台、网站纷纷到校采访报道转载学校活动。

2. 家校联动

家庭是教育的第一阵地，也是与学校教育共生的重要教育力量，学校少先队向家庭领域发展，得到家长的支持。学校开办了"家长学校"，定期举办家教系列讲座，开展专家挂牌服务，以"家长进课堂、品质家长成长园（周末社会实践）、家校直通车、家教网络论坛、专题研讨、家教专栏、家长赠言"等形式，帮助家长更新家庭教育资源，开展形式多样的社会实践和社区服务，为队员的成长创造良好的环境和氛围，在许多活动中，如春游、秋游、入队、毕业典礼等特邀家长参加，让学校家长融入绚丽多彩的少先队活动中，和队员们一起快乐活动，共同成长。

活动是少先队的生命和灵魂，少城小学少先队以培养社会主义事业合格接班人为引领，以体验为途径，以实践为突破，让孩子在经历中自我教育、自主成长，用多彩的少先队活动为小小雏鹰提供自由试翼的广阔天地。

五、多元评价　全面发展

随着教育改革的不断深入和发展，素质教育已成为我国教育发展趋势，少城小学进行了课程改革，试图从课程改革入手来挑战传统的教育方式和评价模式。学校主动出击，构建了新的评价体系，让符合教育规律的新的评价模式建立起来，实行了学生综合素质评价制度，即多元评价机制。抛弃传统观以成绩为主的单一评价，代之从品格培养、发展欲望、兴趣特长、学业成绩、体育锻炼、社会实践等方面进行综合评价，以"道德卡—品德成长记录—综合素养维度图"为载体，在少先队内容、过程、评价、途径等方面进行了探索，力求使学校德育工作更有实效性，全面体现学生现实状态与将来发展趋势。

该文获全国中小学思想道德建设优秀成果展评一等奖、在《教育科学论坛》发表

稳步推进少先队社会化建设

陈英杰　四川省优秀辅导员、少先队特级教师

摘要：全国少先队代表大会通过新的队章修改案，将队章中的第一条"在学校建立大队或中队，中队下设小队"改为"在学校、社区建立大队或中队，中队下设小队"。这一决定的提出，使社区建队成为少先队工作的重要内容。社区的广阔天地蕴藏着丰富的教育资源，这是社区少先队工作的一大优势，在当前新的形势下，充分利用社区的教育资源，依托社区，开展丰富多彩少先队活动，成为少城小学近几年的实践和探索，并积累了一些经验，取得了可喜的成绩。少城小学依托社区开展的活动吸引了众多少先队员的参与，培养了队员们能力，锻炼了队员的才干。活动受到了市委书记和市长高度重视和赞扬，亲笔为我校题词和回信，活动还引起了各大媒体的广泛关注，各大报社和电视台纷纷到校采访和报道我校活动；活动也同时赢得了社区居民、街道领导和家长的支持、欢迎和鼓励。

关键词：延伸　整合社区资源　全面活跃

一、走出学校，让少先队工作向社会和家庭延伸

改革开放以来经济飞速发展，人际交往频繁，建设日新月异，队员们的活动天地越来越广阔，他们的目光不仅仅触及家庭、学校，更关注到社会。随着年龄的增长，队员们的社会属性越来越明显，他们不仅仅是一名学生，也是一名小小公民。少先队作为一个少年儿童的组织，要紧跟时代发展的步伐，关注少先队员身心的发展，关注队员的需求，将队活动扩展到社会领域中，走向社会，参与社会实践，开展丰富多彩的社会化少先队教育活动，以培养少年儿童的文明意识、社会意识、公民意识，使队员更加关注社会的发展，增强社会责任感。

1. 走向社区大型主题活动

在伟大祖国的生日——国庆节前夕，学校让队员走出书声朗朗的校园，走向丰富多彩的社区，开展了走向社会调查、走访、体验主题活动。这次活动以中队为单位组织开展，在辅导员的指导下，各中队都制定了详细的方案，有的到了文化公园分发环保小倡议、宣传环保；有的走进肯德基少城店，做调查，当小小服务员；有的到长顺街农贸市场组成卖菜组，体验卖菜，采访市民；有的到学校附近近的红旗超市、家乐福采访调查；有的到成都购书中心和西南购书中心发问卷、做调查、统计、学习导购方法、有的到医院看望车祸受伤的同学，调查12岁以下车祸发生率等。在活动过程中，队员能力得到了全面的锻炼，这种少先队活动使用社区现有资源，让队员用自己的眼睛去观察，用自己的头脑去思考，这比简单的说教更有说服力，而且有趣味，这样得来的认识是深刻的。

2. 品牌活动

少城小学地处少城腹地，少城小学学子们时刻关注着家乡城市建设进程，在市委市政府决定要打造少城片区的消息公布

后，少城小学学子对宽巷子开展了以"少城未来我参与"为主题的系列调查走访活动，就怎样打造成都的"第一会客厅"提出了他们的设想，形成了一份份体现了热爱家乡之情、心系家乡城市建设的提案，在共青团成都市代表大会召开之际，队员们代表成都市少年儿童对会议进行了采访，并亲手将提案交给书记和市长伯伯，得到了他们的充分肯定和高度赞扬，书记伯伯当场为少城小学学子题词："热爱家乡、建设家乡"。市长伯伯还在百忙中为少城小学学子们亲笔回信，认为提案富有创意，已经推荐给有关专家和建设部门，相信一定会被纳入和体现在项目建设之中。全校师生为此振奋，决心将此活动继续深入开展，积极参与少城片区的建设，充分展示少小学子热爱家乡，建设家乡的主人翁精神！

3. 向家庭领域发展

家庭也是社区中的一员，少先队要向家庭领域发展，得到家长的支持。少城小学以"提高家长素质，培养一代新人"为目标，开办了家长学校，定期举办家教系列讲座，开展专家挂牌服务，以"家校直通车、家教网络论坛、专题研讨、家教专家赠言"等形式，帮助家长更新家庭教育资源，开展形式多样的社会实践和社区服务，为孩子们的成长创造良好的环境和氛围，许多活动特邀家长参加并指导。例如，每年学校都要开展不同主题的小手拉大手读书活动，创建成学习型家庭，要求家长与孩子一起读好书，写心得；"家长、学校、社区携手共育世纪新人"家长会在校美丽校园隆重举行，一千多名家长和社区成员来到学校，欢聚一堂，辞旧迎新；清晨，学校一年级和六年级学生及家长来到天府广场观看了新年升旗仪式，并参加了新队员入队仪式，美好的经历让家长和孩子们永远铭记；为了打造校服这一流动学校名片，学校向学生和家长征集学生校服方案，家长和同学热情参与、积极合作，学校收到了百份款式新颖、设计独特、富于创意的方案。家长们已融入绚丽多彩的少先队活动中，和队员们一起快乐活动，共同成长。

二、挖掘、整合社区教育资源，共筑共建、互动互利

1. 适应"课改"新形势，开创少先队工作新模式

"课改"随着课程改革的深入推进，少先队活动越来越显示出其特殊效应。"课改"对少先队工作提出了新要求和新挑战。学校少先队工作与时俱进，紧跟时代的步伐，适应"课改"新形势，进行了新尝试，学校拓展了少先队活动空间，把社区作为少先队活动阵地，创新工作内容与形式，把内容丰富、具有活力和生机的少先队活动赋予新的时代内涵，使红领巾活跃在社会的每一个角落。

2. 努力开拓社区实践阵地

学校常年与辖区派出所、居委会、友邻单位共建（共建单位有黄瓦社区、通惠门社区、将军街社区、宽窄巷子社区、斌升街社区、交警四大队等），注重发挥共建单位的作用。并在府南河、人民公园辛亥秋保路纪念碑、王建墓、百花潭巴金慧园等地建立了少先队教育基地，为开展活动奠定了基础。利用成都市少城片区的改造，学校将宽窄巷子作为少先队活动的重点实践教育基地，举办了系列亮点活动。

3. 构建社区辅导员网络体系

加强社区少先队辅导员队伍的资源整合和优化力度，形成活跃高效、互为配合的社会支持机制。学校在校外建立了一支辅导员队伍。例如，社区居委会的领导；校家委会成员；记者；西南财经大学的大学生志愿者；邀请警官担任学校的法制副校长，对学生开讲座进行普法宣传；邀请成都交警四大队的民警为校外辅导员，每天放学时护送队员过大街，邀请学校参加开学典礼，讲交通安全知识。现在，学校的邻居蜀风园大酒店员

工也加入校外辅导员行列，成立护送队，每天坚持送队员过大街等。学校、社区携手，在社会大家庭的深切关爱下，队员们健康、幸福地成长。

4. 积极参加社区活动，热心为社区服务，形成良性互动

学校结合本社区特点，做好平时的信息收集整理工作和对外协调工作，与社区各部门保持和谐融洽的合作关系，共建学习化、文明化社区。

学校积极参加了辖区组织的"美化家园、保护环境"社区服务活动，到公交站清扫垃圾、擦站牌和绿化带栏杆。队员纷纷表示：保护环境，创造美好校园，需要从自己做起，从点滴小事做起。在"九九重阳节"，学校与社区联合组织了一次特别有意义的活动——爱心献社会，老少同游府南河。结合老年节开展尊老敬老活动，从小养成关爱社会、关爱他人的好品质，活动结束后，老人眼中盈满了激动的泪光，握着少先队员的手，久久不放。

每年新春佳节，学校师生都要举起队旗开展"红领巾送温暖"活动，去慰问学校周围辖区里的军烈属、孤寡老人、盲哑小伙伴、交警叔叔、蜀风园的叔叔阿姨们，给他们拜年、送上慰问品、慰问信和精彩的文艺节目，带去全校同学新年的祝福。每年植树节的时候，我们到辖区给树木浇水、喷药、培土；帮助街上的爷爷、奶奶把门窗抹得干干净净，使学校附近这几条迄今还保留少城古朴风貌的小巷生机盎然，队员们的行动受到居委会的啧啧称赞。学校与社区各单位建立了和谐、融洽的合作关系，学校的活动也得到了社区的大力支持。

三、双休日、节假日依托社区推动社会化少先队活动全活跃

在全面推进实施素质教育的今天，培养队员多方面的能力，

以适应现代社会对人才全面发展的要求是我们的责任。对于能力培养，仅靠辅导员的说教很难奏效，让队员参与实践，亲身感受获得的道理才是最深刻的，但学校的舞台毕竟有限，因此，大队部策划系列活动，倡议队员们利用双休日、节假日依托社区开展五彩斑斓的活动，让队员在广阔的天地里练翼飞翔。队员们活动中投入了极大的热情，如同插上翅膀的小鸟，活跃在四面八方，用自己一颗颗稚嫩的童心，向社会展示了一道道亮丽的风景线。他们在活动中感悟人生的真谛，在活动中获取生活、道德、思想、行为的感受和体验。

1. 与当前形势结合

在成都市争创全国文明、卫生城市活动，学校紧跟时代步伐，结合学校实际开展了"争做除陋习、树新风、文明健康的先行者"活动。大队部以"创卫生城市、建文明家庭"为主题，印发了《致全校少先队员及家长一封信》，倡议每位家长和同学努力做到七点要求。以"小手拉大手，做文明卫生好市民"为主题拟订"家庭文明公约"，让同学们进行一周的观察并做好记录，和家长一起对不良陋习进行查找，共同制定家庭文明公约，全家人共同遵守，相互监督，相互促进。

队员们还在大队部的倡议下开展了"四个一"主题活动。

（1）以小队的形式开展一次社会实践活动，主题是"红领巾撒播文明的种子"，同学们活跃在社区、单位的每个角落，开展了许多社会实践活动，在活动中学校收到了几百份活动材料，许多材料还有单位或社区的盖章，有些还写有社区领导对队员们活动的评价和希望。

（2）做一件讲卫生爱清洁的好事。同学们在家做爸爸妈妈的好帮手、拖地、洗碗、收拾屋子等，在社会上做个爱劳动的小公民。

（3）撰写一篇"除陋习，扬文明"为主题的作文。开学后学校让各班选送了十份优秀的稿件上报大队部。同学们思维开阔，提出了很多好的建议，也在文章中谈到自己自觉遵守法律、法规和公共秩序，做好人好事，树立实践文明小公民形象。

（4）用相机拍下或绘画出文明行为和值得我们学习的新风尚。同学们用自己的视角拍下了很多有关市民文明行为的照片，这些照片有的贴在了教室里，有贴在纸上制作成精美的图片。在此过程中同学们受到了教育，逐渐养成良好行为习惯，队员们的综合素质得到了全面提高。

2. 树立榜样，提高成效

大队部开展了"与优秀共产党手拉手、立志成才"系列主题活动，要求队员们以小队的形式深入社区，走访优秀的共产党员。有小队采访了成都特警中队队长曾经出演《女子特警队》里的强队长的罗斌叔叔；有的小队到市八医院寻访了优秀党员陈春兰阿姨；在喜迎《朵朵葵花向太阳》主题队会上，我们还邀请社区里38部的解放军讲述有关共产党员的优秀品质的故事，队员们受益匪浅。

假期大队部倡导队员以"五小"（"小帮手""小标兵""小伙伴""小卫士""小主人"）行动，深入社区，参加社会实践体验活动。队员们根据自己的特长、爱好，体验相关角色：小小交通协管员、小小采访员、小小服务员等。队员热情很高，到处都闪耀着红领巾的身影，队员们亲身体验工作的辛苦和劳动的乐趣，以实际行动证明自己是一个高素质的"小公民"。假期队员们以小队为单位开展"文明过春节，温暖送社区"活动，除了慰问，大队部还要求队员宣传环保、科普知识，为各种公益活动献出自己的一份力量，为社区营造助人为乐的良好氛围。

社区少先队活动在强化实施素质教育的今天越来越重要，有不可替代的作用，它与学校少先队活动扮演了不同的角色，可以这样讲，学校少先队重在培养少先队员共性的东西，社区少先队重在培养少先队员个性的东西。社区少先队是队员们成长嬉戏的乐园和实践创新的天地，是队员们喜欢的另一个家。

学校的社区少先队组织将不断探索创新一条改革新路，并学习借鉴先进经验，积极争取社会、家庭力量的支持和参与，充分利用社区教育资源，谱写社区少先队的新篇章。

该文章获成都市中小学品格教育理论与实践研究一等奖

以表现性评价助力小学生品格成长

王　瑾　成都优秀青年教师

　　摘要：教育部在《关于全面深化课程改革，落实立德树人根本任务的意见》中明确指出要培养学生的创新精神和实践能力，但现有的纸笔评价模式在内容上重考试分数、忽略学生综合素质和个性发展；在方式上重终端而忽视过程；在功能上重甄别选拔而忽视诊断和改造，直接影响着立德树人的效果。我校借助表现性评价，从评价目标、表现性任务、评分规则入手进行评价改革，对学生进行全面科学多元的评价，有效促进学生的品格成长。

　　关键词：表现性评价　品格成长

一、小学生品格成长的表现性评价方法的含义

1. 表现性评价

　　该评价是要求学生在某种特定的真实或模拟情境中，运用先前所获得的知识完成某项任务或解决某个问题，以考查学生知识与技能的掌握程度，或者问题解决、交流合作和批判性思考等多种复杂能力发展情况的评价方式。学生的品格是由外在行为体现的，学习、生活都是极好的塑造环境。

2. 小学生品格成长的表现性评价方法

该方法是通过完成一些实际的任务，诱导出学生的真实表现，由教师或高水平评定者按照一定标准进行直接的观察，对学生在完成这些任务中涉及品格成长的各种因素和现象作出价值判断，从而帮助小学生内化、提升良好品格。

二、表现性评价在少城小学学生品格成长中使用的必要性

1. 学校发展的需要

教育部在《教育部关于全面深化课程改革落实立德树人根本任务的意见》中明确指出要培养学生的创新精神和实践能力，使之能适应社会的迅速变化。表现性评价在评价思想和方法上都体现着提升核心素养的精神。因此，运用表现性评价法是学校顺应时代要求的需要，是学校进一步提升综合服务水平的需要。

2. 教师发展的需要

在长期开展纸笔性评价模式的影响下，教师往往只关注学生的最终学业成绩。表现性评价方式的实施，有别于以往的纸笔性评价，教育工作者必须在教育中建立明确的评价目标与多元的评价内容、确保评价主体与评价方式多样化和着眼于促进学生发展的新的评价体系。

3. 学生发展的需要

现有的纸笔评价模式在内容上重考试分数而忽略学生综合素质和个性发展；在方式上重终端而忽视过程；在功能上重甄别选拔而忽视诊断和改造，学生行为习惯养成，创新能力培养等重要内容都没有相应的评价，不利于学生综合素质的培养。所以运用表现性评价方法，对学生进行全面科学的评价，是学生发展的需要。

三、表现性评价在小城小学学生品格成长中的实践

少城小学以德育常规和主题德育活动为主线，注重抓学生的品质形成。学校借助表现性评价，着力做了以下三方面的尝试：

1. 在行为习惯养成教育中运用表现性评价

在长期的行为习惯养成教育中能有效促进学生的品格成长。学校教师在行为习惯教育中引入表现性评价，在长期的表现性任务情境中给学生设定了明确的目标，让学生对标自省，不断反思和要求自己并最终养成好习惯，让品格的培养变得"可视化"和"可量化"，让学生的品质得以外显，为教育的改革提供支持。

例如，学校五年级开展了守时惜时的实践研究，教师通过前测分析明确了本年级学生在守时方面存在的问题和原因，通过宣讲倡议、主题活动体验、树立榜样和方法指导等一系列措施，教师、家长、学生评价"三结合"，利用细则化的作息时间表和相应的表现性评价表格，使学生无论在校在家都严格按照时间表的规定和内容开展学习和生活，有效地强化了时间观念，引导他们牢固树立遵守时间、珍惜时间、合理利用时间的意识，养成守时惜时的好习惯。活动结束后，五年级的教师们对学生进行了后测，结果表明：全年级准时到校的学生达到 98.5%，比前测时上升了 2.6%；按时完成作业的学生达到了 97.5%，上升了 10.1%。

2. 在综合实践活动中巧用表现性评价

现代教育要求我们必须具备大教育观，具有开放的视野，合理利用社会资源培养和提升学生的综合素养。在社会综合实践活动中，巧用表现性评价也能起到良好的教育效果。针对不同年龄段的学生设计不同品格的培养活动，制作对应品格成长

的表现性评价量表，能有效量化学生的成长。

例1：在2017年秋游社会实践活动中，一年级主题为"到公园里寻找秋天"，学校一年级学生分班进行"专注"品格的培养活动，教师制作对应"专注"品格成长的评分量表，在表现性评价的引领下量化学生的成长。

例2：学校六年级开展了"在博物馆中学习"的项目式学习活动，教师巧用表现性评价引导学生在参观前、参观中、参观后都积极主动地开展以小组为单位的探究式、创新式、合作式学习，培养善于合作、勇敢自信、专注有序等良好品格。从活动的准备到成果的展示，整个综合实践活动约耗时一周，但教师介入实时评价的时间点仅有5个，其他时间段全是由学生在小组长的组织下开展各种活动。在每一个环节，教师都带领学生设计了表现性评价任务表格，学生的个体表现均由本人、其他组员和教师三方面共同观察评价。通过此次活动，学生收获了与课堂学习极不同的经验，培养了语言表达、审美创新、团结协作、观察探究等多方面能力，也让教师对学生的综合素养有了更深层次的认识。

3. 在学科学习中引入表现性评价

在学科课堂上渗透德育是促进学生品格成长的重要途径，因此在学习活动中，学校积极结合表现性评价记录和量化学生的品格成长。

例：结合教学内容，学校数学组在5年级开展了"滴水实验"主题学习活动，六年级开展了"反弹高度"主题学习活动。教师设计了相应的前后测和评价量表，学生以学习小组为单位，按要求开展了实验并将小组实验成果以报告册、小报、PPT等各种形式进行了汇报。借助表现性评价，教师不仅较好地解决了学生专注度的问题，还逐步引导他们养成了良好的倾听、观察等习惯，进入了良性循环，不仅有助于学生的成绩提升，而且对于其品格成长也大有裨益。

四、借助表现性评价促进学生品格成长的实践效果

1. 以评促教，促进教师的评价手段和意识更新，对学习结果的评价从单一孤立变为多维综合

学校教师积极参加相关理论培训，认识到转变评价目标和方式的重要性，更新了评价的手段，将评价的目标由"所有学生都必须掌握同一技能"转变为"培养学生主动发现问题、自主思考、自主判断、自主表现、自主解决问题的资质和能力"。较以前单一的纸笔评价模式，学校教师现能主动将表现性评价运用到学生评价中。从目标看，教师认识到表现性评价是对标准化纸笔测试的有力补充，可以较全面地评价和促进学生的多种智能发展。从任务看，教师现能主动在各种学习活动中对学生进行指向表现性任务的发展性评价。从评分规则看，教师普遍能运用表现性评价量表，并结合当次活动任务和学生情况进行针对性的调整，强调学生在真实的学习或生活环境中解决问题，从而代替传统的纸笔测验，迎接"来自真实任务的挑战"。

2. 以评促学，促进学生的学习主动性和创造性提升，学生的行为表现从被动他律变为主动自律

表现性评价把调整和促进教与学作为最终目的，是一种能鼓励学生对照标准自我激励的评价方式。要让良好的品格在学生身上内化于心、外化于行，最迫切的是运用实践策略，在学生的学习生活、家庭生活中形成品格实践机制，"时时用、处处用"。由于在日常生活中不断渗透对学生品格的培养，加之辅以表现性评价的评价手段，我们观察到学生的行为从被动他律向主动自律转变，产生了潜移默化的品格教育效果。

由此观之，运用表现性评价，学生能够对照目标和评分规则不断反思自省，在任务进行中指导自己的行为，从而实现良性循环，在任务结束后依然化"任务要求"为自身"内在需

求", 促进其品格的成长。

3. 以评促思, 自主设计《学生综合素养成长记录报告册》, 评价的结果从隐形不可测变为显性可观察

表现性评价的持续、多元可以帮助教师获得关于学生各领域发展和成就的信息, 提供一个学生发展变化的纵向记录, 促使学生和教师对品格形成的过程进行积极的反思和总结, 而非直接给出结论, 可减少一次测验所带来的误差。这不仅契合了品格培养的"行动"需要, 更有利于落实品格培养的效果, 通过纵向记录, 使评价的结果从隐性不可测转变为显性可观察。

五、我们的反思

我们将以优化表现性评价活动的任务为突破口, 实施表现性评价方法在品格成长的教育教学活动中应用研究, 对这一评价理论进行实践、强化、梳理、反思, 在验证中改良, 在改良中创新, 实施更高质量、更规范的表现性评价方法, 促进学生品格的进一步成长。同时进一步发挥学校作为市级未来学校试点校的优势, 运用科学的方法和技术, 收集整合学生的品格行为轨迹和实时数据, 根据每个品格的任务目标, 就学生的个体与总体学习表现的情景, 开展分析、研究、评断等一系列工作。

该文获 2018 年全国中小学德育优秀论文评选一等奖

纠正性格缺陷儿童思想品德的方法研究

廖信兰

摘要：性格缺陷是指一个人遇事不能表现出稳定的情绪，所表现出来的反应不同于常人。它的形成原因很多，如原生家庭的影响、后天经历等，这让某些孩子养成了不好的习惯，形成了不良的道德品质，性格也不同寻常，我们把他们称为"性格缺陷儿童"。

本文研究的是在集体中表现出妄自尊大、蛮横无理、自以为是、我行我素、无所畏惧的儿童。

关键词：性格　儿童

A 同学，是一对双胞胎中的弟弟，他上学后，父母交给小姨管教，在一至四年级的学习生活中表现良好，但时不时能看到他身上青一块紫一块的斑痕。问其原因，他回答是自己犯错，小姨打的。到了五年级，生母心痛这个孩子，就接到了自己身边生活，他立即就像换了个人似的，经常为了一点小事暴跳如雷、歇斯底里，一切说服教育置若罔闻，还口出狂言、一派胡言。所以，笔者经常因为他的状况无法正常上课，班上的公物受损，教师和同学也会受到伤害。

B 同学，小时候被下过病危书但抢救过来了，他是几代单传的独苗，家里人十分溺爱，有求必应，他成了典型的"小太阳"。该同学听不进批评，和其他同学发生矛盾，非得占上风。他对明摆着的错也不承认，还要赖，从不顾及同学友情和班级荣誉。

C同学，爱钻牛角尖，消极、抵触情绪非常明显。他会乱摔自己的东西，还以"我不懂""我笨""我爸爸说我以后只能捡垃圾""我摔我的东西关你啥事"为借口拒绝老师的批评教育。

性格缺陷儿童对自身、对他人、对集体的危害是很大的。"有教无类，因材施教"，这句话激励着教师致力于研究纠正性格缺陷儿童的思想道德的方法，现有以下几点心得。

一、抓住时机，发挥榜样的影响作用

有位教育者说过，思想决定道德，道德决定行为，行为决定习惯，习惯决定性格。所以无论古今中外，从上至下的领导者都从不放松对其民众的思想品德教育，因为它是立国之本，对于一个班集体而言也是如此。

笔者身为一名专职语文教师兼任班主任工作，语文教材中每篇课文都"文以载道"，《道德与法治》中有很多由他们身边的事而编辑的事例，我就有针对性地设计问题，组织讨论，引发他们思维的碰撞和思想的共鸣，潜移默化使他们受到思想品德教育。

"教育无小事，事事皆教育。"有一次，我看到一篇《心灵之洞》的文章，文中写了一个有性格缺陷的人去看心理医生，心理医生给他一块木板，让他每乱发一次脾气时就往板上钉一个钉子，很快板上钉满了钉子，心理医生又让他每克制自己一次自己的坏脾气就拔掉一个钉子，木板上的钉子终于取完了。这个人去找心理医生，心理医生说："你看这块木板再也不和新木板一样了，因为钉子在木板上留下的洞永远无法去除。当你乱发脾气伤害了别人而向其说'对不起'时，心灵之洞就永远存在了。"我请他们其中一人在班上读这篇文章，读着读着，班上的空气似乎都凝固了，这篇文章给大家的启发太大了。

榜样的力量是无穷的，书本上的优秀人物有的离学生太遥远，虽说有些是取材于学生事实，但毕竟也是隔着一层纱，最鲜活的教材莫过于身边的老师、同学，看得见、听得着。"学生的身上有老师的影子"，教师以自己的职业道德、高尚的情操为人师表；"近朱者赤"，教师努力发现他们身边的榜样，并有意在各种活动中安排他们与榜样一组。

相信"水滴石穿""量变积累到一定程度必将引起质变"，教师运用各种渠道，抓住各种时机，树立各种学习的榜样，对学生进行思想品德教育，必将会让其树立正确的世界观、人生观、价值观，成为具有良好社会公德、家庭美德的好儿童。

二、家校共建，帮助家长改进教育方法

教育是学校、家庭、社会三方面的事，缺一不可，否则都达不到良好的教育效果。分析性格缺陷儿童形成的原因，无一例外不与家庭的教育方法有关，于是需要常常与家长沟通、交流。这里并不提倡学校在学生闯祸以后命令家长来学校，把家长训斥一顿，这样的做法治标不治本。教师应当走进他们的家庭，真正去家访，做好家长的老师，让他们改进教育方法，方能标本兼治。

三、公平公正，放大他们点滴的进步

性格缺陷儿童在生活中是不逗人喜欢的，他们容易产生这样的思想：反正我给人的印象都不好了，我没用，没有人会喜欢我们的。要杜绝这种恶性循环，教师必须用心（耐心、爱心、

恒心）去爱他们，发现他们身上闪光的东西，并用放大镜去看他们的每一点进步，用夸张的语言、表情、声音、手势去激励他们。在处理和他们有关的矛盾时，要全面调查、公平公正，让他们感到老师如同父母一样，是可以信任的人，"亲其师，信其道"。问题也好解决了。

四、团队规劝，一副疗治"暴"的良药

性格缺陷儿童有时表现出"不顾一切的冲动"，课堂上暴跳如雷，不是与同学，就是与教师大吼大叫、歇斯底里，这时，教师利用强大的群众力量，和全班达成默契，用一个手势、一个眼神暗示全班，班里的优秀干部、他的好朋友就会劝其归从，这真是一副良方。有学生经常不参加打扫清洁卫生。有一天早上，该学生又以没有抹布为由不参加劳动，一副玩世不恭的模样，等同学送抹布到他手上，这时，全班就强令其完成劳动，在正义的力量下，他知道了他的任务必须完成，而不是随心所欲。让学生教育学生，是一个很好的纠正这类同学错误品行的办法。

五、感同身受，让其从体验中自觉纠正

"从体验得到的东西是最深刻的"，让性格缺陷儿童在其自身的思维模式下体验一次，他会有很多的感悟和改变。有一次，某位学生发脾气，把自己喝完的一个空瓶子扔到窗外，笔者问他为什么这样，他说："我的东西想怎么就怎么，你管不着。"等他一说完，笔者拿起自己的书本径直走过去，往他旁边一扔，问："这样行吗，打伤了你我可以不负责任吗？"问得他哑口无言，不好意思地承认错误。"用其人之道还治其人之身"的做法让其感同身受，自觉改正错误的言行，这种方法教师要掌握好

"度"。

如何让每一个学生在家庭教育、学校的教育中都成为性格健全的、品德高尚的有用人才，路漫漫其修远兮，吾将上下而求索。

该文在四川省教育厅《教育科学论坛》发表

结合品格教育
实施表现性评价的初步尝试
——在博物馆中学习

彭文彬　青羊区优秀青年教师

摘要：随着经济社会和科学技术的发展，世界各国越发关注人才教育，而人才教育的核心就是人的发展。"道德素质"是人发展的核心，品格是人的道德素质的核心，品格教育就是道德教育的重要内容。要完成育人目标，先决条件是建立学生美好的品格。品格决定命运，品格成就人生。因此我们学校的育人方式就必须从注重知识传授型向学会学习、学会生存、学会做人的多元目的转变。

关键词：品格教育　表现性评价　博物馆活动

一、品格教育研究目标

（1）获得四级 24 个品格教育的经历及经验，习得相关的认知、情感体验及行为表达。

（2）在儿童成长的过程中尤其在校园生活中不断运用实践并固化相关品格，即内化于心、外化于行。

二、品格教育策略

品格教育策略一共有五点：核心品格导向策略、班规班级约定策略、多元训练策略、运用实践策略、建立品格成长营平台策略。我们以为要让良好的品格在学生身上内化于心、外化于行，最迫切的即是运用实践策略。品格训练与品格运用要紧密结合，在学生学习生活、家庭生活要形成品格实践机制，"时时用、处处用"。

在学校除了选取一个序列进行每天 5～10 分钟的专题式训练外，我们的班级内外文化建设也全面跟进，例如，"品格树""品格成长银行""品格榜样专栏""音量表""品格小动物一览表"。当然为了让品格教育落在实处，我们全程、全员、全方位实践并评价，将品格外显行为转化为自觉动力定型，形成训练—运用—实践—习惯的培训方式。

三、实施表现性评价

表现性评价是根据课程目标和教学内容，在真实情境中设置真实任务，对学生完成任务的过程及其成果进行评价。这种表现性评价能诱导出学生的真实表现，是测量学生运用先前所获得的知识解决或完成实际任务的手段，以此能较好地评价学生内化和实践品格。

为了使评价结果更客观、更准确，在活动开始前必须先制定好评价目标和评价标准，评价工具应该定量和定性相结合。所以每一序列的品格训练，我们都根据事先确定的评价标准对学生在完成训练的过程中的表现或事后的作品进行评定，以确定学生在这一阶段的学业成就。

下面我们就以六年级一班"在博物馆中学习"活动为例，

详细阐述如何在品格教育中实施表现性评价。

【活动主题　《在博物馆中学习》】

活动背景

未来公民不仅需要扎实的基础知识，更需要广博的视野，灵动的创新精神，丰富的实践能力，多元的人文情怀，善于合作、阳光自信的品格行为以及可持续的学习能力，因此教育决不能仅停留在学校中。走进社会大课堂，充分利用社会资源提升学生的综合素养势在必行。

众多博物馆是人类智慧的集合，它的专业性、直观性是教科书、学校教师所无法呈现的。学校地处少城腹地，左有成都市博物馆，右有四川省博物馆、金沙遗址博物馆，这是许多其他学校不可比拟的。特别是成都市博物馆离学校仅仅几分钟的路程。

活动目的

（1）通过参观博物馆活动，让学生了解家乡的历史和文化。

（2）通过参观体验活动，让学生尝试改变学习方式，在学习中创新。

（3）通过表现性评价，有意识培养学生善于合作、热情、阳光自信等品格。

活动准备

（1）每个孩子准备《在博物馆学习》的成长记录册。

（2）每组学生带好笔记本和笔，做好记录。

（3）对学生进行安全教育以及学习参观过程中的纪律教育。

（4）请博物馆的讲解员阿姨做资料讲解。

（5）事先针对每项活动制定评价标准和设计评价表格

活动过程

（1）说说你对成都的哪些地方感到好奇或有兴趣？学生根据自己的兴趣分组。

（2）每小组组长根据自己组选择的方向制定当天研究学习的内容，确定分工，提前对学生进行告知，让组员有目的地进行参观，并做好记载。

（3）每个小组根据小组学习计划到博物馆查找资料，做好记录。

（4）回学校后，同学们以记录、绘画、查找网站、作文、摄影、摄像、海报等生动的形式记录了他们在博物馆中的收获，并在全班进行交流。每个孩子的《在博物馆学习》成长册将收录下他们在社会大课堂中的足迹。

活动评价表格如下所示。

表1　学生参与讨论热情度评价核查表

评价标准	是	否
是否积极发言、讨论		
语言表达是否清晰、有条理		
能否认真倾听同学发言		
是否认真思考，提出有意义的观点		

表 2　学生分组讨论表现评价等级量表

品格项目	A 级	B 级	C 级	自我评价	同学评价	教师评价
热情	积极举手发言，积极参与讨论交流，始终保持投入状态	能举手发言，有参与讨论与交流	很少举手，极少参与讨论与交流			
专注尊重	认真倾听别人的意见	有倾听别人的意见	不听别人的意见			
勤奋	事先就活动主题进行思考并查阅大量资料	事先查阅部分与活动相关资料	没有做提前准备，没有查阅资料			
智慧	独立思考，善于大胆提出新的问题和观点，能用不同方法解决问题	能独立解决问题，有一定的思考能力和创造性	思考能力差，不能独立解决问题，缺乏创造性			

表 3　学生小组博物馆实地调查活动表现评价等级量表

品格项目	A 级	B 级	C 级	自我评价	同学评价	教师评价
主动守时	提前到达	准时到达	迟到			
热情友善	全程积极参与，兴趣浓厚，与其他组员很好的合作	兴趣一般，能与组员合作	兴趣较低，不怎么参与小组活动			
有序	遵守博物馆参观要求，安静、有序地随小组参观	时有大声喧哗，随同小组一起参观	吵吵闹闹、不听指挥，随意跑动或脱离小组单独行动			

品格项目	A级	B级	C级	自我评价	同学评价	教师评价
坚持责任	认真参与整个调查活动，认真完成个人承担任务，并帮助其他组员	参与整个调查活动，完成个人承担任务	没有全程参与调查活动，没有完成个人承担任务			
勇敢	遇到突发情况首先出面，并在与组员一起想办法解决问题时承担主要任务	遇到突发情况随组员一起想办法解决	无动于衷，不关心问题的解决			

表4 学生小组博物馆调查资料收集情况评价核查表

评价标准	是	否
是否完成预定资料收集任务		
收集资料的内容是否全面、深入		
有没有收集到预想之外的、有意义的资料		

表5 学生小组博物馆调查成果汇报评价等级量表

品格项目	A级	B级	C级	自我评价	同学评价	教师评价
专注	认真倾听其他小组发言	倾听其他小组发言	不听其他小组发言			
勤奋	认真完成本组《博物馆学习手册》，成果呈现的内容形式丰富多彩	完成本组《博物馆学习手册》，内容齐全	没有完成本组《博物馆学习手册》，内容资料收集不完全			

品格项目	A级	B级	C级	自我评价	同学评价	教师评价
智慧创意	学习手册能很好展现小组学习活动足迹和自己的特色	能展现小组学习足迹，没有明显特色	未能展现小组学习足迹			

博物馆学习日记

学习小组名称：	姓名： 日期：
活动主题：	活动内容：
活动方法：	本人在活动中承担的是：
自我评价（做的好或需要改进的地方）	
教师评价	

活动反思

　　本次活动从准备到最后成果展示，教师介入实时评价一共有5次，观察孩子热情、专注、智慧、创新、勇敢、责任、有序这几个品格表现，并填写表格记录。我们感觉这种表现性评价既是激励也是约束，它不仅能进一步提高学生参与学习的主动性，并对学习内容、学生本人、学习过程做出了全面评价，最重要的一点是能及时发现个别学生在活动中暴露出的品格方面的缺点，及时改正。

　　但整个评价过程也有一些需要改进的地方。比如本次活动评价标准的制定还是以教师意见为主。为了促进学生更深度的学习，我们可以师生共同再制定一个"怎样才算一份成功的博物馆学习报告"的评价标准。这份评价标准可以指导学生的博物馆学习和完成报告，提高学习质量。而学生通过参与学习标准的创建，能深刻理解学习内容和要求，并在自己主导的评价过程中学会学习，促进反思。

表现性评价是评价方式的一种，它能展现学生的学习过程和学习水平，有利于学生的自我反思，促进学生学习能力和良好品格的全面发展。它不仅仅是一种学习管理的手段，它更应是一种学习的工具。促进学生更深层次的学习才是我们开展表现性评价的最终目的。

该文收入四川省少工委"走进少先队·辅导员"丛书

少先队活动课程

陈英杰　四川省优秀辅导员　成都市优秀青年教师　青羊区特级教师

少先队活动课程是队员们做主人开发的课程，是鲜活、开放、富有生机与活力的课程。少先队活动课形式五彩缤纷。其中，组织教育是最基本的形式，自主教育是最有效的形式，品牌实践活动是经典形式。

有队味、有趣、有主题、有时代感的少先队活动课会成为队员最喜欢的课。

第一节　组织教育

少先队组织教育是通过大、中、小队的组织形式，运用少先队仪式、主题队会、主题队日、少代会等载体，发挥少先队队旗、队徽、队歌、标志、队礼、呼号、作风、入队誓词、鼓号等作用，抓住重要契机和时间节点开展时代感强的集体活动，注重榜样引导，注重相互帮助，注重分层教育，丰富少先队组织生活。

一、学习队章

学习队章是开展少先队前教育，了解队章和基础知识，感知少先队的重要形式。

方法：启发、引导。

目的：激发向往少先队、喜欢少先队的感情。

1. 学习方式

（1）集中宣讲：辅导员或高年级队员讲解。

（2）队会重温：队会课全部或部分重温队章知识。

（3）环境营造：利用红领巾专栏介绍队章知识。

（4）形象演示：利用动漫、PPT、微信、App、宣传片向队员形象介绍队章知识。

（5）专题展览：介绍队章的相关知识。

2. 实践深化

（1）初步学习少先队基本知识和基本礼仪。

（2）熟悉队旗队徽、红领巾等标志的含义。

（3）规范佩戴少先队员及队干部标志。

（4）标准行队礼。

（5）积极参加"雏鹰争章"等评比活动。

（6）规范举行少先队活动仪式。

（7）懂得习近平总书记提出的"从小学习做人、从小学习立志、从小学习创造"的希望和要求。

3. 对照检查

（1）大、中队辅导员参照队章要求，检查活动和标志的规范性。

（2）少先队员参照队章要求，检查自己的标志佩戴、礼仪规范等。

二、规范礼仪

以少先队礼仪规范举行少先队仪式，以庄严而神圣的集体氛围感染心灵，陶冶情操，升华思想，培养少先队员的组织归属感，包括入队、离队仪式，检阅式、升旗仪式，重大节日、纪念日活动等。根据少先队的认知特点安排仪式非常重要。

各年级礼仪仪式参看《少先队活动课程分年级实施参考》，内容附后。

（一）入队、离队仪式

1．入队仪式

入队仪式由少年先锋队大队长、中队长主持。

程序如下：

（1）全体立正。出旗。

（鼓号齐奏《出旗曲》，敬队礼，未加入组织儿童行注目礼，队旗行进路线长，让少年儿童能见到队旗在自己面前经过。礼毕）

（2）唱队歌。

（3）宣布批准新队员名单。

（4）授予队员标志（红领巾）。

（授予者双手托红领巾授予新队员。新队员双手接过，放在颈上，授予者给新队员打上领结，互相敬礼）。

（5）宣誓。（由仪式主持人领读，读誓词时举右手握拳，举在耳侧，拳心45度向外，领读人读一句，新队员重复一句。宣誓）

入队誓词：我是中国少年先锋队队员，我在队旗下宣誓：我决心遵照中国共产党的领导，好好学习，好好工作，好好劳动，准备着：为共产主义事业，贡献出一切力量！

领誓人：领誓辅导员名字。

宣誓人：新队员说自己的名字。

（6）大队长致辞。

（7）新队员代表发言。

（8）大队辅导员讲话。

（9）呼号。

大队辅导面向队旗领呼："准备着：为共产主义事业而奋斗！"

全体队员面对队旗坚定洪亮地回答："时刻准备着！"

（10）退旗。

（鼓号齐奏《退旗曲》，全体队员敬队礼，队旗按出旗线路返回）

（11）新队员入队仪式结束。

入队仪式形式：班级为单位、年级为单位（新队员集中起来举行）。

入队仪式时间：建队日"10·13"、"六一"儿童节、其他重大节日或有纪念意义的日子等。

入队仪式地点：在校园内，市（区）少年宫或烈士陵园，英雄塑像下，有教育意义的场馆、园林、纪念碑等地方举行。

入队仪式布置：精心设计，正前方悬挂或喷绘或视频播放"少先队队徽"和"新队员入队仪式"主题内容。

入队仪式嘉宾：学校领导、新队员家长、社会有关人士、友谊中队、全校队员。

入队仪式结束：照新队员集体照（中队旗放中间）、赠送礼物、组织有意义的亲子活动，纪念新队员政治生命中的第一件大事。

2. 离队仪式

《中国少先队先锋队章程》规定：超过14周岁的少先队离队，由大队举行离队仪式。

离队前大队委员会审定内容：

中队委员会要征求超龄队员的意见，开列名单，填写姓名、出生年月日、入队日期、队内职务等。大队委员会要专门召开会议，研究离队工作，决定大队举行离队仪式的日期，并书面或口头通知离队的超龄队员。

离队仪式程序如下所示。

（1）全体立正。

（2）出旗（鼓号齐奏《出旗曲》，敬队礼）。

（3）唱队歌。

（4）宣布离队人数。

（5）重温了入队誓词和呼号。

（6）折叠并珍藏红领巾。

（7）颁发离队纪念卡。

（8）离队队员代表讲话。

（9）辅导员或共青团组织代表简短讲话。

（10）呼号。

（11）退旗（鼓号齐奏《退旗曲》，队员敬队礼）。

（12）仪式结束。

离队仪式形式：可以专题进行；也可在大队的其他活动、集会上作为一项内容来进行；最好与新团员宣誓仪式同时进行。

离队仪式建议：邀请代表人物参加。

团委可向离队队员赠送《中国共青主义青年团章程》和有关青年修养的书籍。

少先队大队可做精巧的离队纪念卡送给离队队员。

家长可向自己的离队子女赠言、赠礼物。

离队队员为少先队和母校做意见公益事情或留赠礼物。

离队仪式上，离队队员可解下也可不解下红领巾，一般不宣读队员名单，只宣布总人数。

离队仪式时间：少先队建队日"10·13"、五四青年节或六一儿童节为益，让离队队员怀着向往共青团和留念少先队的心情，离开少先队组织，这样对离队队员和少先队员都有很大的教育意义。

如果超龄的队员经过耐心教育和解释后仍不愿离队，也可以暂时留在中队，不强迫离队。

（二）升旗仪式

在重大节日、纪念日或荣誉时刻，少先队组织要举行隆重的升旗仪式。升国旗仪式可以与优秀少先队表彰活动相结合，这是少先队组织中最高的表彰形式。

程序如下：

（1）宣布开始、列队，报告人数。

（2）由大队长或大队委报告祖国取得的荣誉。

（3）主持人宣布升旗手和护旗手名单，介绍升旗手的先进事迹，也可同时宣布优秀少先队员表彰名单。

（4）由学校校长或邀请来的先进模范人物向升旗手授国旗。

（5）升旗手接国旗，发表简短演讲。

（6）出旗（旗手执旗，执旗方式可因地制宜，护旗手在旗手两侧护卫国旗，护旗中队随后，齐步绕场走向旗杆，全体人员立正肃立，行注目礼）。

（7）升旗，奏国歌（全体少先队员和辅导员行注目礼）。

（8）高唱国歌。

（9）国旗下讲话或展示（有校长、大队辅导员、队员、班级或来宾作简短而有教育意义的讲话或展示）。

（10）全体队员面对国旗，举起右手，以红领巾的名义宣誓：从小学习做人、从小学习立志、从小学习创造；记住要求，心有榜样，从小做起，接受帮助。

（11）全体受表彰的少先队员在国旗下拍照留念。

少先队升旗仪式可与学校每周一清晨举行的升旗仪式结合进行。各大队要建立"光荣的升旗手"制度和"升旗手日志"。升旗手小组由每个阶段评选出来的优秀队员、积极分子和有突出进步的少先队员组成。主要任务是升国旗、奏国歌。每一期升旗手的名字、事迹都要记入"升旗手"日记，并组织队员学习升旗手的先进事迹。

（三）检阅式

少先队检阅式是对少先队员进行组织教育的大型主题活动，它借鉴军队检阅的形式，集中展示少先队员的精神风貌和少先队集体取得的成就，具有隆重热烈、庄重严肃的特点，可以振奋队员的精神，使队员们树立光荣感、责任感和使命感，显示出步调一致、天天向上的精神风貌。

检阅式队员们着统一的服装，高喊口号展示队列训练成果。

少先队检阅式一般安排在"六一"或10月13日建队纪念日举行。活动需要主题，检阅式也要有一个响亮的主题。检阅式的具体形式要看主题表达的需要。

检阅式有两种形式：队列式和分列式。

队列式：受阅队伍排列整齐、原地不动，检阅者（党、政、团、队的领导）来到每个方队进行检阅。受阅队伍列队采用列横队式，面向主席台。

分列式：每个方队分别列队依次前进，通过主席台接受检阅。受阅前整个队伍取上述"队列式"队形。受阅时人员次序是：大队旗组、大队长和大队辅导员、队徽、呼号（横幅）、鼓号队、仪仗队、第一中队旗组、中队长和中队辅导员……彩旗方队可以压尾，使首尾的方队表现热烈，受阅队伍高潮呈现。当大队长走到主席台前时发口令："敬礼！"大队长、大队辅导员，大队护旗手行队礼；大队旗手做队旗敬礼。当中队长走到主席台前时，敬礼与上述类同，方队队员不必行礼，但可行注目礼。每个方队之间保持一定距离。队伍绕场而行，陆续回到原位置。

检阅式可有三类内容：专题检阅式、综合检阅式、单纯队列行进检阅式。

专题检阅式：突出一个主题，内容集中，各方队从不同侧面表现主题。

综合检阅式：

内容比较广泛，可以反映一个时期少先队教育的成果。

以上两类检阅式，不论采取队列式还是分列式，根据需要可装备一些表现内容的道具，少而精、易而简、醒目、鲜明。有的方队可以适当加入一些整齐明朗的动作或简短有力的口号。

单纯队列行进检阅式：

徒步前进的分列式检阅，只是检阅队的礼仪与精神风貌，不需太多条件，简单易行，可以随时举行。

如"我们是光荣的少先队"检阅式，主题和内容都要集中在少先队是社会主义现代化事业预备队上，各方队从命名到道具，都要突出这个特点，可以有火炬方队、红星方队、手拉手方队等。各方队通过服装、道具、标语、口号、展板、劝造型等集中表现一个方面的主题内容。如火炬方队表现民族精神代代相传；红星方队表现学雷锋，做主人；手拉手方队表现爱心，团结互助；"爱祖国"方队可以抬着开展植树造林活动的数字图表及自己制作的"可爱的祖国"旅行图；"爱科学"方队可手执自己动手制作的火箭、卫星、3D 打印、机器人等科技模型。"祖国您好"检阅式围绕爱国主义的主题；"青春万岁"检阅式围绕团、队衔接的主题；"明天的太阳"检阅式围绕党和人民的期望的主题，内容要反映德、智、体、美、劳全面发展和社会主义核心价值观的内容。

由于条件的限制，也可以进行单纯队列行进的检阅式。少先队检阅式是以方队为基本单位的。方队可以是中队，也可以是根据主题组织的队伍，一般为统一的数列纵队形式，队旗前导、护旗手护卫，中队长大头。

少先队检阅式是以体育的编队、操练为基础的，加上少先队组织和思想教育的内容，具有特别的意义。如在检阅方队中，队员们可以拿着标语、图表、模型和实物，用来反映少先队开展活动的成果。检阅时，可以选择激昂雄壮的进行曲作为背景音乐，队员通过主席台时可以高呼一些口号，如"准备着，时刻准备着""争做向上向善好队员"等。

检阅当天，可以把少先队工作的成绩，如展板、兴趣小组的作品和成果、中队栽培的花卉，以及图书箱、光荣册、小报等陈列在主席台的两侧，向大家汇报。

少先队检阅式的组织工作复杂又细致，需要周密地进行准备。事先对检阅式队伍必须进行编队和训练，在老师的指导下进行。正式检阅式前，全大队最好合练一次。

少先队检阅式程序如下所示。

（1）各中队整队。

（2）报告人数。

（3）请示（大队长跑向主席台，向首长或领导敬队礼，报告：报告，中国少先队×××大队集合完毕，请检阅！主要检阅人还礼，致简短答词：检阅开始）。

（4）宣布检阅式开始。

（5）全体立正。出旗（奏乐、敬礼）。

（6）唱队歌。

（7）分列式开始（各方块依次通过主席台）。通过时可变正步走。同时面向主席台，高呼口号。

（8）领导及来宾讲话。

（9）进行其他内容。

（10）辅导员讲话。

（11）呼号（由主要检阅人领呼）。

退旗（奏乐、敬礼）

（四）队会仪式

1. 队会仪式是少先队组织的基本仪式

少先队组织在重大的节日、纪念日组织集会或者举行大、中队队会时，都应该举行队会仪式。举行队会仪式时，每一个少先队员都应该佩戴好红领巾，保持庄严肃穆的气氛，让队员在特定的组织氛围中潜移默化地受到感染、教育。辅导员参加主题大、中队会必须佩戴红领巾，敬队礼必须规范。

2. 队会仪式分预备部分和正式部分

(1) 预备部分——"三级报告"。

预备部分：

在正式队会仪式前，要先集合列队，整理队伍。逐级报告出席人数。中队集会前，由小队长向中队长报告，中队长向中队辅导员报告；大队集会前，由各中队长向队长报告，队长向大队辅导报告，这就叫"三级报告"。

中队三级报告时，小队长先向本小队队员发出"第×小队，立正"口令，然后跑到或跨到距中队长约两步（一米左右）的位置立定，向中队长敬礼，中队长还礼，小队长报告："报告中队长，第×小队应到少先队员×人，实到×人，报告完毕。"中队长回答："接受你的报告!"中队长敬礼，小队长还礼后回到本小队前发出"第×小队，稍息"。各小队报告完毕后，由中队长向辅导员报告。报告时，中队长向全中队发出"全体，立正"的口令，转身面向中队辅导员敬礼，中队辅导员还礼，中队长报告"报告中队辅导员，××活动，应到××人，实到××人，缺席××人，队会一切工作准备就绪，请您参加，并给予指导，报告完毕。"中队辅导员回答："接受你们的报告，参加你们的队会，预祝你们的主题中队会圆满成功。"（根据少先队活动的内容提出简要希望或祝贺）中队辅导员敬礼，中队长还礼，跑到队伍前发出"稍息"口令，到此预备部分结束。

大队三级报告与中队三级报告方法相同。如果中队很多，可以汇集同年级几个中队的人数，推荐该年级一位大队委员或一位中队长去报告；也可免前一程序，有大队长汇集各中队人数，直接报告大队辅导员。

列队报告时必须注意以下两点。

第一，听到口令立即行动，列队要迅速、整齐、肃静。

第二，报数和报告人数时要声音响亮；报告前要认真检查自己的队伍是否"一切工作都准备好"；下级向上级报告时，要先立正敬礼，等上级还礼后再礼毕，同时队长报告时，该队的全体队员一定要立正，直到队长命令"稍息"时为止。

（2）少先队主题队会的一般程序。

主题大、中队会的队会仪式是少先队的基本仪式，召开主题大、中队会都要举行队会仪式，共青团中央已对此做过统一规定。举行队会仪式能够给队员一种庄严的感觉，使他们增强荣誉感和责任感，是向队员进行组织教育的一种有效形式。因此，少先队辅导员和少先队员要高度重视。

整队、报告人数。

宣布主题大、中队会开始。（队长向辅导员报告结束后，便面向全体队员宣布："××主题中队会现在开始！"）

出旗、奏乐、敬礼。（鼓号齐奏，全体队员向队旗敬礼，注目队旗行进，礼毕）。

唱队歌。（鼓号队、或录音伴奏，队歌要唱完整）指挥队歌。

大、中队长讲话。（说明队会主要内容、意义）

进行活动。（事先确定的队会内容）

辅导员讲话。（队会内容结束后的简短小结）

呼号。（辅导员、共青团干部或受尊敬的来宾领呼）

退旗、奏乐、敬礼。（鼓号齐奏，全体队员向队旗敬礼，队旗退场）

宣布主题大、中队会结束。（××主题中队会到此结束）

三、民主参与

通过民主选举和监督评议少先队小干部，集体讨论决定重要事项，参与少先队伍管理，参与队集体建设，培养民主意识和主人翁精神。

（一）少先队代表大会

少先队代表大会运用的是群体教育、集体熏陶等方法，以培养队员组织认同感、光荣感和责任感。少先队代表大会，是少先队大队或大队以上组织和机构召开，以队员代表为主题参加的会议。例如，全国少代会，省、直辖市或自治区少代会，区、县少代会，乡、街道少代会和学校大队少代会等。

少先队代表大会是同级队组织的最高权力机构，它有商讨、决定一个时期一个队组织的重大事务和选举产生队工作领导委员会的权利。学校少代会每年召开一次。

少先队代表大会是少先队组织实施民主集中制领导和管理方法的集体体现，是让少先队员实施民主权利、当家作主的保证，是队员学习民主、发扬民主、培养民主能力和主人翁精神的重要形式。因此，少先队组织要按时、认真筹备召开少先队代表会，少先队队长和队员代表要积极支持，开好少先队代表会。

少先队代表会红领巾小提案内容：

（1）提案标题。

（2）背景、动机、意义。

（3）对这种现象或问题的基本分析。

（4）提案的意见和建议。

少代会的议程（内容）一般有以下七项。

（1）上级有关领导致祝词。

（2）党、团支部致词。

（3）少先队员向大会献词。

（4）宣读各兄弟学校的祝贺信。

（5）大队委员会向大会报告上一年的工作情况，提出今后少先队活动的意见，代表审议工作报告。

（6）讨论决定少先队内部的重要问题，提出倡议，发起某项重大活动等。

（7）梳理、归纳、讨论代表意见、提案，分别转交有关部门答复处理。也可以把少代会与选举大会结合进行，或将选举作为少先队代表会的一项议程。

（二）少先队队干部选举

《中国少先队先锋队章程》规定：小队长和中队、大队委员都由队员选举产生。半年或一年选举一次，一般在新学年开学或少先队大队召开少代会进行。举行庄严的选举仪式，让每个队员投上神圣的一票，民主选举产生少先队干部，是少先队集体生活的一件大事，它体现了少先队组织的自主性、民主性，是引导队员从小学民主、做主人的一项重要制度。

少先队队干部选举方法：

（1）选举前，首先由队员自我推荐，然后由中队推荐确定大、中队、委员候选人。

（2）中队委员候选人在选举前要写一份自我介绍。

（3）展开选举大会，先由上一届队委总结工作，并请队员提出批评意见，然后由候选人进行竞选演讲，最后进行选举，一般采取无记名投票的方式和差额选举的办法。

（4）选举次序：一般是先进行大队委改选，然后再进行中队委员的改选，最后选小队长。

（三）少先队队干部宣誓就职

队干部产生后，要举行隆重而简朴的就职典礼，以增强新任队干部的光荣感和责任感，激励他们学习实践"人民的利益高于一切"的精神，带领少先队自觉向上、奋发进取。

队干部就职仪式主要程序如下：

（1）宣布任职决定（由大队辅导宣布）。

（2）给新任队委员成员授标志（由学校领导、大队辅导员或原队委成员给新任队长左臂佩戴标志）。

（3）新任队长就职宣誓（大队辅导领读，队长们面对全体队员，右手握拳，举起至耳侧，领读人读一句，队长重复一句）。

（4）新任队长就职演说（每人一分钟，简明扼要，谈任期目标、工作打算、活动计划及决心和行动等。也可推派信任的队长代表演说）。

（5）队员代表讲话（祝贺、提期望和要求）。队干部就职仪式可以结合选举仪式进行，也可单独举行；可以在全校性集会或升旗仪式后举行，也可在各中队里举行。

（四）队干部的评议

一是民主评议。发放调查问卷，从个人表现、工作态度等方面对队干部进行量化评议；进行选举满意率测评，选举队员代表对队干部的个人表现和工作态度、工作方法进行举手表决。

四、岗位锻炼

实行少先队小干部轮换制，自设自荐服务小岗位，人人都有服务锻炼的平台，增强服务意识和责任意识，提高实践能力。

少先队员岗位锻炼时需注意：

（1）要注意整体提高和重点培养。在实行小干部轮换制的同时，要善于发现能力突出、态度端正的优秀队干部，进行重点培养。

（2）因事设岗，事事有岗，岗岗有人，岗岗有责。

（3）加强岗位的检查监督，避免出现未到岗或到岗不尽责的情况。

（4）要建立少先队小干部学校，培养小干部的实践能力。

例如，少先队提出"队长就是火车头，样样事情能带头"榜样激励，"队长就是小黄牛，热心服务勤奔走"服务意识，"队长就是水中鱼，团结队员做朋友"增强凝聚，"队长就是智多星，能出点子会创新"鼓励创造，"队长就是小火箭，自动向上飞蓝天"鼓励主动。

（5）教育队干部提升服务意识，杜绝优越感，要求为队员们多做事、做好事。

五、学习榜样

通过学习国家、民族、团、队历史上和现实中的英雄模范，选树新时期少先队榜样和身边可亲、可敬、可学的优秀少先队员榜样，进行榜样教育，营造比、学、赶、帮、超氛围。

（1）将榜样学习同"雏鹰争章""四好少年""优秀干部""优秀少先队员"评选等结合起来，评选过程中大力宣传优秀少先队员的优秀事迹，鼓励少先队员学习身边的榜样，营造出积极向上的良好氛围。

（2）开展"历史上的今天""英雄故事周周讲"等常规性叙事教育，用英雄任务的事迹鼓舞少先队员为共产主义而奋斗的信心和勇气。

（3）开展"我心中的明星""最美××"等评选活动，引导少先队员感受在平凡的岗位做出不平凡的贡献、在自己的岗位上恪尽职守的新时代精神。

六、团队关爱

建设团结互助、温暖友爱的队集体，通过良性群体互动和同伴互助，促进共同成长进步。

优秀的团队能够让需要帮助的队员感受到集体的温暖，也能够让所有的队员体现出个人价值。建设团结互助、温暖友爱的队集体，通过良性群体互动和同伴互助，促进共同成长进步。可以开展"夏令营""军训""一帮一，手拉手"等集体活动，让少先队员勇于奉献。

第二节　少先队集体活动

少先队集体活动是少先队组织普遍开展的各种主题鲜明、有意义、生动活泼、为少年儿童喜欢的集体性活动，是少先队员在少先队集体中实践体验、共同成长的有效途径，是少先队活动课程的重要形式。按人员集聚程度和活动功能区分，其活动形式和内容主要有以下五种。

一、集中性活动

集中性活动由于组织严密、参与面广、规模大、主题鲜明，往往能在少先队员心中留下深刻的印象，教育效果明显。大队会、中队会是最普遍、最重要的集中性活动形式。如结合重大事件、重要教育契机，各级少先队组织开展的"红领巾相约中国梦""红领巾心向党""祖国发展我成长"等主题活动，以及队会、队日、集体参观、郊游、远足、夏（冬）令营等大、中队集中活动。在组织集中活动时，要制定出科学严谨、主题鲜明的活动方案和安全预案，让活动目标明确、安全有序。

二、经常性活动

小队活动是经常性活动最重要的方式，例如，在少先队组织中长期形成的"手拉手""养成道德好习惯""少年军校""少年科学院""劳动实践""平安行动""阳光体育"等品牌活动，以及寻访、考察、访谈、小课题、小考察、小志愿者、征文、微图微视频征集等基层少先队组织灵活开展的活动。经常性活动是学校少先队活动向常规化、品牌化发展的重要途径，在长期的实践中积累经验，不断改良，促进活动设计实施不断优化。同时，活动的选取要结合学校的办学理念和发展现状，充分挖掘校园周边的人文历史资源，形成学校独有的特色活动。

三、团体游戏活动

为满足少先队员娱乐、游玩等需求，丰富课余生活、发展个性特长、提升审美情趣，组织开展生动活泼、寓教于乐的集体性特色游戏、篝火晚会等活动。

可由队员自由组合，分散开展。

四、红领巾小社团活动

红领巾小社团是按照少先队员的兴趣爱好，自愿组织起来的跨中队活动组织；是少先队员充实课余生活、促进合作交往、促进个性健康发展的重要途径和方式。

社团活动打破班级的界限，让更多的少先队辅导员参与到学校的少先队工作中来，进一步提升了少先队辅导员在学校德育工作中的地位和作用。在少先队组织指导下，由少先队员自主组织、自主管理、定期开展的各种小型多样的社团活动。聘请思想优良、作风正派、有爱心、有专长的人士担任志愿辅导员，社团成员可跨班级、跨年级、跨学校或通过网络跨地域组成，活动体现儿童思想实际需求和兴趣爱好特点，形式灵活多样。

五、评价性活动

对少先队员在少先队活动中得到教育锻炼的成效进行激励性评价的活动，如雏鹰争章活动、优秀少先队员、少先队集体评选活动等。对各级少先队组织开展的活动进行效果评价和展示交流的活动，如"创造杯"少先队活动设计竞赛、基层少先队活动优秀案例征集等活动。

评价性活动要避免唯结果论，注重过程性评价和差异性评价。要彰显每个少先队员在组织中进步和发展，要关注少先队员在组织活动过程中的态度和表现，各校可根据实际情况设立"前进奖章"鼓励相对后进的少先队员取得进步，设立"金手指奖章"鼓励合作互助等。

以"雏鹰奖章"活动为例，设立国家级、地方级和学校三级雏鹰奖章。国家级奖章拟设置"四好少年"奖章一枚，基础奖章六枚分别是"向日葵章"体现爱党教育；"五星红旗章"体现爱社会主义祖国和国家意识；"接力章"体现党团队组织意识的衔接；"美德章"体现正直、善良、诚实、有爱心；"进取章"体现科学意识、劳动意识；还有"健康章"体现健康的体魄和心理的健康。辅导员要通过定章、争章、评章、颁章、护章等五步争章法来激励队员奋发向上、快乐成长。

第三节　少先队活动课程的实施方式

少先队活动课程以中队活动为基本形式常态开展，也可以大队集中开展，或以小队、红领巾小社团等形式灵活开展。

1. 队会

结合重大事件、重要教育契机，组织集中性主题队会。也可结合本中队、大队实际，确定一个主题，通过学习、讨论、交流、分享等多种方式开展。队会要有出旗、唱队歌、鼓号、呼号、退旗等少先队礼仪。

2. 队课

在少先队辅导员或高年级队干部的指导下，学习党对少年儿童的希望和要求，学习队章和少先队基本知识，学习少先队礼仪，学习时事。参加少年团校，学习团章和共青团知识，开展推优入团。

3. 队仪式

少年儿童成长过程中的重要时间节点，在国家节庆日、纪念日和建队纪念日、重大事件时，举行入队仪式、初中建队仪式、离队仪式、升旗仪式、颁章仪式等少先队仪式。探索健全队仪式体系。

4. 队组织生活

组建少先队大、中、小队和红领巾小社团，设立服务岗位，建设和管理活动阵地。集体讨论决定重要事项。民主选举少先队小干部，轮换任职。树立榜样并学习。开展队的奖励，开展批评和自我批评。参与少先队各级代表大会。

5. 少先队实践活动

组织参观、访问、野营、旅行、故事会，开展文化科学、娱乐游戏、军事体育等各种有意义有趣味的活动，以及参加力所能及的公益劳动和社会实践。开展岗位体验、考察、寻访、小课题、小研究、小志愿者等和假日、夏（冬）令营活动。

6. 少先队品牌活动

系统开展"红领巾心向党""红领巾相约中国梦""祖国发展我成长""核心价值观记心中""争当美德小达人""优秀传统文化在我身边""民族团结代代传""手拉手""劳动实践""少年科学院""少年军校""平安行动""雏鹰争章"等少先队品牌活动。

第四节　队的品牌活动

一、"手拉手"活动

"手拉手"互助活动开始于 20 世纪 90 年代初，由共青团中央、全国少工委联合有关部门共同发起，是引导少年儿童团结互助、共同进步的一项有意义的实践教育活动。城市和农村少年儿童手拉手、富裕地区和贫困地区少年儿童手拉手、身体健康的和有残疾的少年儿童手拉手、各民族少年儿童手拉手，使不同环境、不同状况的少年儿童架起了沟通的桥梁。"手拉手"通过以交一个"手拉手好朋友"、写一封"手拉手交友信"、寄一本好的书报或文具、为小伙伴做一件好事、有条件地看望一次小伙伴等"五个一"具体活动，在全国少年儿童中广泛开展起来.

"手拉手"互助活动的宗旨是：通过少先队员和少先队组织之间的交流、互助、服务，引导少年儿童了解国情，认知社会，从小培养爱国情感、集体主义和社会主义精神，培养乐于助人、团结友爱的健全人格。

开展"手拉"互助活动的方针是：以城市为主导，辐射广大农村和老、少、边、贫地区；强调互助互学，共同进步，防止单纯的救助行为；提倡就近就便，量力而行。

每一位参加"手拉手"互助活动的少先队员都要经过三个步骤。

第一步："手拉手找朋友"。基层少先队组织提供贫困地区有困难的少先队儿童名单，并组织队员填写"手拉手友情卡"，找到需要帮助的小伙伴。

第二步："手拉手交朋友"。参加活动的队员要做到"五个一”：交一个"手拉手"好朋友，写一封"手拉手"交友信，给小伙伴寄一本好书（或一份报纸、一件文具），为小伙伴做一件好事，向小伙伴学一种新知识（或新本领）。

第三步："手拉手看朋友"。各级少先队组织要利用寒暑假组织队员就近就便看望小伙伴，共同参加各种实践活动，体验生活。

二、"雏鹰争章"活动

"雏鹰争章"活动是少先队的品牌活动，是1992年启动的"中国少年雏鹰行动"的重要组成部分，"雏鹰争章"活动已成为少先队素质教育的有效载体。

全国少工委从少年儿童的年龄特征出发，把对少年儿童的思想道德素质、科学文化素质和健康素质等方面的要求，具体内化为若干枚"雏鹰奖章"，鼓励少年儿童从日常生活及学习的具体环节入手，通过定章、争章、考章、颁章、护章，不断为自己确立目标，发现自己的潜能，看到自己的进步，证明自己的成功。

《少先队辅导员工作纲要（试行）》重新对"雏鹰争章"活动予以整理，构建了雏鹰奖章的新体系。从小学一年级至初中二年级的8个年级中，共设雏鹰奖章基础章17枚；平均每个学年2枚（五年级有3枚）。这17枚基础章如下所示。

一年级：准备入队章、好朋友章；

二年级：自理章、文明章；

三年级：手拉手章、自护章；

四年级：岗位责任章、科技章；

五年级：民族精神章、环保章、国防章；

六年级：社会考察章、创新章；

七年级：服务章、青春知识章；

八年级：法律知识章、信息章等。

《少先队辅导员工作纲要（试行）》还明确规定："在完成好基本任务的基础上，还可以根据实际情况开展特色活动，增设特色奖章。"

为了激励广大少先队员踊跃参与雏鹰争章活动，同时也是为了完善少先队的激励体系，《少先队辅导员工作纲要（试行）》规定：在小学六年级毕业时，对于获得了小学阶段全部基础奖章的队员奖授一枚"雏鹰奖章"银章；在初中离队时，对于获得了小学和初中阶段全部基础奖章的队员奖授一枚"雏鹰奖章"金章。

《少先队辅导员工作纲要（试行）》制定的雏鹰奖章新体系，具有更加简洁明了、易操作，更加贴近各年级工作任务，更加符合儿童成长规律和教育规律的特点。特色奖章又为基层队组织发挥创造性留下了极大的空间。

"雏鹰争章"活动面向全体少年儿童，人人可为，天天可为，打破了传统的单纯靠分数评价优劣的模式，成为衡量少年儿童综合素质的重要依据。各种奖章如同一根根纽带，把社会各方面的力量凝聚在一起，把校内和校外教育有机结合起来，为社会各方面关心支持素质教育提供了有效的载体。

三、"民族精神代代传"活动

为全面贯彻落实党的十六大精神和"三个代表"重要思想，在亿万少年儿童中弘扬和培育民族精神，2003年10月，中宣部、中央文明办、共青团中央、教育部、全国少工委在全国少年儿童中共同开展"民族精神代代传"活动。

此项活动以弘扬和培育"以爱国主义为核心的团结统一、爱好和平、勤劳勇敢、自强不息的伟大民族精神"为主题，以丰富多彩的体验教育为载体，通过形式多样的学习实践活动，引导少年儿童以少先队中队、小队的组织形式，开展以"中国了不起、中国人了不起、做个了不起的中国人"为主要内容的"三个了不起"系列活动，教育引导少年儿童了解民族精神的丰富内涵，感受民族精神的伟大力量，逐步树立民族自尊心和自豪感，从小立志为实现中华民族的伟大复兴做好全面准备。

此活动目前已成为面向广大少年儿童开展民族精神教育、加强未成年人思想道德建设的重要活动品牌。各级少先队组织从构建社会主义和谐社会、服务未成年人健康成长的高度出发，紧紧围绕树立社会主义核心价值体系，深入开展"民族精神代代传"活动，不断深化活动内涵，不断创新活动载体，引导广大少年儿童培养以爱国主义为核心的民族精神和以改革创新为核心的时代精神。

四、少年军校活动

"少年军校"活动是共青团、少先队组织在全国少年儿童中开展思想意识教育、社会主义核心价值体系教育、国防教育和综合素质教育的品牌活动与重要载体。它是新形势下围绕少先队组织的根本任务，推动"三观""三热爱"主题教育活动，推进"三项建设"的重要研究实践阵地。它是加强少先队活动的普遍性、针对性、适用性的重要突破口，是实施素质教育和加强未成年人思想道德建设的重要抓手和载体，也是共青团、少先队组织进行工作社会化的探索，已成为少先队活动品牌，被写入2001年4月28日公布实施的《中华人民共和国国防教育法》。

多年来，少年军校活动在解放军、武警部队、公安部门、教育部门和国防教育机构的大力支持下，经过不断探索和实践，取得了良好的教育效果和显著的社会效益。特别是21世纪以来，少年军校活动发展迅速，有效延伸了共青团、少先队工作的手臂，团结、凝聚了全国众多热心国防教育及未成年思想道德建设事业的校长、教师、辅导员和社会有识之士，壮大了少先队工作者队伍的力量。少年军校活动影响力和吸引力不断增强，深受广大青少年的热情欢迎和积极参与，也越来越受到社会各界的广泛支持和肯定。

少年军校活动是目前在广大少年儿童中进行爱国、爱党、爱军教育的重要活动之一，在少年儿童校外教育中发挥着独特的作用。

五、中国少年儿童平安行动

"中国少年儿童平安行动"，由团中央、教育部、公安部、全国少工委联合主办，全国少工委办公室于 2000 年得到了各地少先队组织和社会各界的积极响应。近 5 年来，共有 2500 万名少先队员直接参与到"中国少年儿童平安行动"的各项活动中，他们通过参加"平安自护营"体验教育活动、自护类"雏鹰争章"活动、自护类"红领巾小社团"活动、安全知识竞赛、征文比赛、绘画比赛、演讲比赛等活动项目，"认识社会、拒绝诱惑、远离危险、防范侵害"，在消防、交通、急救、防震、防犯罪侵害等方面学习了自救自护知识，提高了自救自护能力。

六、红领巾奖章

红领巾奖章是少先队组织给予少先队员的最高荣誉，由所在市少工委，团委和教委联合颁发颁奖范围为小学三年级以上（含三年级）至初二年级的优秀少先队员。

（一）"红领巾奖章"的来历

2019 年，共青团中央教育部全国少工委联合下发《关于构建阶梯式成长激励体系增强少先队员光荣感的指导意见》，"红领巾奖章"是其中"少先队员阶梯式成长激励评价体系"的核心载体。

（二）"红领巾奖章"的分类

"红领巾奖章"一共分为基础章、特色章、星级章三大类。其中，基础章、特色章为个人章；星级章按照类别分为集体章和个人章，按照级别分为一星至五星章。

（三）"红领巾奖章"的评定颁发

基础章："红领巾奖章"的必修章，面向全体少先队员和准备加入少先队的少年儿童，由学校少先队组织负责具体细化实施。

特色章："红领巾奖章"的选修章，各中小学校根据工作实际，可融入原有奖章设置，自行开展特色章争章工作。

一星章：学校少工委颁发，个人一星章数量不超过获得本年级全部基础章的少先队员的30%；集体一星章：数量不超过具有参评资格的中队的30%。

二星章：县级少工委颁发，数量不超过一星章获奖个人（集体）的30%。

三星章：市级少工委颁发，数量不超过二星章获奖个人（集体）的20%。

四星章：省级少工委颁发，数量不超过三星章获奖个人（集体）的10%。

五星章：全国少工委颁发，在四星章获得个人（集体）中选取3000名优秀个人和1000个优秀集体。

评选条件：

（1）自觉遵守《中国少年先锋队章程》中对少先队员的要求，模范遵守中、小学生守则和学生行为规范，一般应是校级以上的三好学生或区县级红领巾奖章获得者。

（2）积极参加"阳光心语行动""体验教育活动""雏鹰行动"和"红领巾文明行动"，在活动中有突出表现。

（3）热爱少先队组织，在少先队及其他各项活动中具有自主和创造意识，少先队小干部具有比较强的工作能力。

（4）在某一方面有突出成绩，获得市级以上的表彰、奖励的少先队员。

①年龄为小学三年级以上（含三年级）至初二年级的优秀少先队员。

②思想上积极要求进步，热爱党、热爱祖国，能以"四好少年"的标准严格要求自己的优秀少先队员。

③热爱少先队组织，了解少先队知识，积极参加少先队组织的各项活动，并在活动中有突出表现。

④自觉遵守中、小学生守则和学生行为规范，获得区级以上"红领巾奖章"或少先队系统相当奖项。

"红领巾奖章"基础章共有哪三种章？

"红领巾奖章"基础章的章目共设 3 个类别，由全国少工委制定颁布，学校少先队组织负责具体细化设置。

1. 红星章

聚焦热爱中国共产党教育；牢记习近平总书记对少年儿童的教导和希望；革命传统教育；中国特色社会主义教育；社会主义核心价值观教育；共产主义教育等。

2. 红旗章

聚焦爱国主义教育；中国梦教育；国家成就教育；热爱人民教育；集体主义教育；公民道德教育；民族团结教育；法治教育；国防教育等。

3. 火炬章

聚焦队前教育；少先队标志礼仪教育；仪式教育；初中少先队队建教育；党团队意识教育；组织生活教育；岗位服务教育等。

特色章

特色章是学校少工委围绕"德智体美劳全面发展"自行设定颁发的特色奖章，学校目前已有的奖章活动都可纳入这个类别，继续开展，作为基础章的有益补充。

"红领巾奖章"五个星级

从低到高是一星级、二星级、三星级、四星级、五星级。

少先队员个人一星级奖章

学校少工委颁发，二星级区少工委颁发，三星级市少工委颁发，四星级省少工委颁发，五星级全国少工委颁发。

少先队集体奖章

一星级面向中队组织由学校少工委颁发，二星级区少工委颁发，三星级市少工委颁发，四星级省少工委颁发，五星级全国少工委颁发。

N